西 藏 ▪ 自在紀行
En Route to **Tibet**

撰文・攝影◎韓書力

藝術家出版社

作者簡介
韓 書 力

1948年出生於北京，中央美術學院研究生班畢業。

1973年進入西藏工作至今。

作品〈邦錦美朵〉獲第六屆全國美展金質獎。

曾先後在巴黎、台北、東京、多倫多、吉隆坡、新加坡、里約熱內盧、巴西、聖地亞哥、北京、澳門舉辦個展和聯展。

現任中國文聯委員、中國美協理事、西藏文學藝術聯合主席、西藏美術協會主席、西藏書畫院院長，以及西藏大學藝術系名譽教授。

著作

累積三十多年西藏地域考察採風成果，完成著作有《西藏藝術集萃》、《西藏非常視窗》、《西藏自在紀行》、《韓書力繪畫集》等。

西藏｜自在紀行
En Route to **Tibet**

撰文・攝影◎韓書力

目錄 contents 旅遊‧文化‧藝術‧歷史

I 穿視千年的佛眼

　　千年來，佛教深入西藏生活，與西藏的地理與民俗相互交疊融合，盤錯出了一片充分浸染天人合一觀的人文風景，銘刻在觸手能及的所有宗教物件上。破落而神祕，古舊而幽遠，這些壁畫、佛像、石刻、廟宇、木雕，以及藏民的生活藝術一同構成了諱莫如深的西藏圖像，引誘著也排拒了域外的接近。在對古文物的親炙中，這些圖像由遠古被帶至眼前，顯現出佛教藝術在今日恢宏未減的氣度。

II 創造心靈的觀視

莽原瀚海、農耕牧放、神佛生民——在以眾生為依的佛教藝術中，藏族生活以其雄渾壯闊引人入勝；在個人繪畫與藝術中，它則迭生為繁複瑰麗的意象，成為創造的個體穿透歷史帷幕、連接古今巨微的載體。在宗教與生活、寫實與前衛、傳統與西方互爭高下的現代西藏繪畫與攝影中，西藏本土和外來藝術家透過微觀與巨視的碰撞，在油彩與鏡頭中召喚出一個別具生氣的西藏。

III 斯土斯民的吟詠

孤絕挺拔的山勢給了藏民堅忍強悍的性格，深幽曲折的河川給了藏民沉思遠慮的心性。西藏地形的險峻壯麗，培育出了西藏民族性的空間向度，而其質地則展現在它的農牧生活、宗教精神和文化脈動上，成為所有西藏文化靈感的源頭。在西藏的山川大地、民俗儀典與戰役史事，與它們所共同形成的人文地理景觀上，西藏生活以其卸去粧彩的容顏向人們展現自身。

自序──記下漸行漸遠的昨天

「沒有什麼比昨天更遠，沒有什麼比明天更近。」這句哈薩克諺語，真是既淺顯又深刻。

是的，昨天將會離我們越來越遠。昨天的事情、昨天的經歷、昨天的得失，乃至昨天的太陽與月亮都將會離我們越來越遠。然而，我們雖留不住昨天，但可以用心、用腦、用筆記下昨天，記下那些有趣的人與事，記下曾經親歷、親見的自然與人文景觀。如此，對人、對己，恐怕是不無意義的。

我自1973年進藏從事美術工作至今，竟已有三十三載春秋了，竟已是在這片較海平面高寒缺氧40%的世界屋脊上，生活了一萬一千多個日日夜夜，這不能不說是一種西藏之緣。三十三年來，我融進了雪域之懷，西藏也慨然接納了我，所以我對於往事記憶的主體都是藏族同胞對我的關愛和友善，都是深幽厚重的藏文化的乳汁和聖山神湖的靈性對我的滋養與開悟，都是海內外師友們水遠山遙向我投射來的關注與同情的目光。三十三年的獨特生存環境，可能早已使我的肉體臟器變了形，但在心靈層面上，我卻自以為得到了一片和諧、舒緩又充溢著新奇文化信息的田園般境遇。這又不能不說是收之桑榆之幸。所以，我還要感念這片缺氧的福地樂土。

記得1994年春季，何政廣先生鼓勵我給《藝術家》雜誌的讀者朋友寫寫西藏的見聞，我便遵囑拉拉雜雜地寫了幾十篇千字文，後有幸由藝術家出版社以《西藏非常視窗》結集出版。說心裡話，我一直在懷疑那些不成體統的文字到底會有多少人在讀。五年前，何先生又讓我換個標題繼續寫下去，且文字長短、圖片多少不限。這樣，經不起蠱惑的我就又陸陸續續筆耕出「記下昨天」的幾十篇文字，獻醜於讀者面前。今又承何先生不棄，以《西藏自在紀行》結集面世。

三十三年前，我若不是從黑龍江畔來到西藏高原謀生，也許早就回到故鄉北京，或是再往後隨著出國熱潮奔向海外拼搏去了。雖說歷史無法假設，今後尚可籌劃，但是人，尤其是像我這樣的凡人，往往是無法游移於命運之舟的那條細不可見的航線的。有人講，人生其實沒有什麼地方是一定要到達的。漸入老境的我，倒是很贊同這句能令各種人士獲得托辭而得到慰藉的話。

說到底，昨天與明天，今生與來世，都是佔有不了的，遲早我們都要將其交還。對於它們，我們充其量只是曾經擁有過其中的滄海之一粟、千仞之一石、恆久之一瞬，僅此而已，有如雪泥鴻爪一般，躲避著又期待著明天的太陽。

2006年夏於拉薩水流西舍

I

穿視千年的佛眼

千年來，佛教深入西藏生活，與西藏的地理與民俗相互交疊融合，盤錯出了一片充分浸染天人合一觀的人文風景，銘刻在觸手能及的所有宗教物件上。破落而神祕，古舊而幽遠，這些壁畫、佛像、石刻、廟宇、木雕，以及藏民的生活藝術一同構成了諱莫如深的西藏圖像，引誘著也排拒了域外的接近。在對古文物的親炙中，這些圖像由遠古被帶至眼前，顯現出佛教藝術在今日恢宏未減的氣度。

千年古剎依旺寺

上世紀50年代之前，西藏與中國內地和南亞、西亞鄰邦的政治文化與商貿往來，主要就靠有限的幾條古老驛道，如唐蕃古道、茶馬古道、麝香之路、絲綢之路。那時廣袤的前後藏地區只有數得出來的兩、三座城鎮，若依人口數量排序，大概除了拉薩、日喀則，橫豎總該排到江孜了。令江孜城名滿雪域的因素，固然還有許多，但它做為距離亞東口岸最近（250公里），成為當時印度與中國陸路商貿往來的第一大囤積轉運商埠，應是最主要的因素。以這樣的理解來看，由江孜至亞東，橫跨喜瑪拉雅山主脈南北兩大坡地的江亞公路，便是集茶馬麝香和絲綢之路於一身的要衝了。

↙依旺寺的牆體及山門（赭紅色部分為吐蕃建築）

↗美麗的多欽湖距離
依旺寺南端約二十
多公里

↓依旺寺北端三十公
里處的摩崖石刻，
開鑿年代為吐蕃後
期。

由江孜城乘車沿河南下30多公里，便進入康馬縣界了，「康馬」藏語意為紅色房子。康馬原屬江孜宗所轄，1961年設縣，面積6000多平方公里，人口近兩萬，平均海拔4300公尺以上，是道道地地的邊境縣。讓人不敢小覷的是，在這片高地上，竟有著多處紀年詳實的古剎勝跡。其中最為著名的是南尼曲德寺，該寺始建於吐蕃時期，至今有一千二百年歷史。廣為流傳的「朗莎姑娘」的故事，即發生於此寺。在上世紀初的抗英入侵鬥爭中，南尼曲德寺的僧眾也做出了卓越貢獻。此外還有色熱寺、曲則寺、金扎寺、索康寺、納夏寺和本文擬向讀者推介的依旺寺。

對於依旺寺，筆者是先聞其佛像雕塑，再讀到相關典籍，然後才是四顧茅廬而有幸跨進山門的。據17世紀初的《後藏志》（覺囊達熱那特著）記載，依旺寺創建於吐蕃後期的西元882年，創建人是班欽夏加希日大師的前世拉吉曲江活佛。

↖加蓋殿頂前的依旺
寺主殿

一次，在康馬地區弘法的拉吉曲江活佛經過江若葉瑪，不經意舉目四望，
在西山坡上竟顯現出依旺母的密咒字形，拉吉曲江活佛甚是欣喜，故決意
在坡地上建寺，並以所現字形命為依旺袞巴，從此依旺寺便成為這片北坡
高地信眾世世代代的精神棲息之所。更有綽譯師禮讚道：

　　吉祥源泉佛教的寶炬，
　　賢劫千佛等七世人贊，
　　大地之上無人敢匹敵，
　　名號釋迦師長我頂禮。

↑1988年前的依旺寺
主殿正面觀
（嘉措提供）

↘憑藉自然光即能拍
攝到的桑傑熱波頓
佛像（邊巴攝影）

依旺寺經歷過藏傳佛教的噶當派、薩迦派和格魯派的轉承，但其建築形制未曾有大的改變。雖說就屹立於江亞出路一側，但由於其依坡隨地勢壘築，從出路的角度怎麼看怎麼像一段殘垣斷壁，這一錯覺讓我們首度拜訪時竟白白走了90公里冤枉路。與康馬境內的大小寺院相似，依旺寺的牆體也是石塊壘砌而成，且自上至下潑灑成赭紅色。仔細辨識寺牆頂端，還壘飾著百餘座塔基，塔體則無一倖存，這是典型的吐蕃寺院建築特徵。山門設於東南角；拾級跨入，長長的甬道雜草叢生，盡頭露出西、南、北三座相鄰殿堂和一間小小的僧舍。聽到動靜，僧舍裡走出一位老者，筆者一行說明來意，並煩老人家引領朝拜觀仰。

西大殿為依旺寺之主殿，有5、6公尺進深，近20公尺長，4公尺多高，除了門洞外全無採光，故而每個人進殿後的首要任務是調節視覺光圈，一、兩分鐘後，我們才漸漸仰望到那著名的桑傑熱波頓七尊佛塑像，佛像體態造形巍峨端莊，均著通肩袈裟，衣紋疊複疏密有致，極富寫實感；佛頭微俯，表情朦朧含蓄，慧眼呈凝視寰宇狀。在這七尊集單純、靜穆於一體的彼岸之神面前，人似乎更能體會到古希臘藝術的至高審美理想「高貴的單純，靜穆的宏大」。

然而這座跨越千年的深山古寺，竟也沒能躲過文革劫難，所幸內地的紅衛狂潮波及到邊地，往往演變成貧下中牧們開進寺院，將其有用的房樑木窗拆卸回家，而未敢或未及在這些3、4尺高的泥佛太歲頭上動土。總之1966至1988年的二十二年間，依旺寺主殿的桑傑熱波頓佛像在被掀掉了殿頂與華蓋的蓮座上櫛風沐雨、餐風露宿了二十二個春秋，從分析上看，此間未曾再有新的人為破壞，突現出塑像主體部位的佛冠、佛手、背光應是被二十二載的雨雪風霜逐漸剝蝕掉的。謝天謝地，上蒼總還

↙攝於1959年的夏魯寺雲姆拉康殿一角的照片

↑信眾獻給桑傑熱波頓佛像的哈達

→桑傑熱波頓佛像

為我們留下了寶貴又相對完整的佛像體貌。而做為欣賞者，我們似乎還應該感謝那二十二年的風吹雨刷之功，因為它讓原本該是朱紫滿身的七尊古佛洗盡鉛華，坦露出和諧、整練而又單純的雕塑藝術之美。就西藏範圍而言，年代與風格相近的雕塑作品，筆者曾在阿里托林寺的殘垣上看到過一星半點，但因為那裡的主尊佛像早已被近旁縣城的造反派們徹底打翻在地，故而，依旺寺桑傑熱波頓佛像更是碩果僅存地珍貴。

改革開放以來，文保、環保意識普遍獲得加強，1988年由好心人發起的社會力量出資出力，為依旺寺主殿及南北配殿加蓋了簡易的殿頂，從此藏族信眾頂禮的桑傑熱波頓佛及弟子們總算是身有所居，神有所安。

↖依旺寺南配殿八大
佛弟子像

　　依旺寺南配殿供奉著釋迦佛及其八大弟子，讓人意想不到的是，這通
高3.5公尺的八位佛弟子在此均襲一式的細腰窄袖、纏玉帶貼團花的俗
裝，這般造形的佛弟子塑像，筆者在藏域還是頭一回看到，與人們習見的
文殊、金剛、觀音、普賢、地藏、天藏、彌勒、除蓋障菩薩的標準造形相
去甚遠，令人耳目一新。西藏美術家余友心近期順訪過依旺寺，他回拉薩
後我們交流對依旺寺雕塑的觀感，竟是同時發出如上的感喟。記得徘徊於
兩列八大佛弟子塑像前時，我不禁聯想到五代繪畫〈孫熙載夜宴圖〉中的

16 ■ **西藏**自在紀行 En Route to **Tibet**

↑↑依旺寺南配殿所保存的佛弟子頭像，面部的彩繪痕跡仍依稀可見。

↑這件印度教石刻作品竟是依旺寺的珍藏品

歌舞伎的體態與服飾，儘管他（她）們在體量上的對比是如此之懸殊，在功能上的對比更是天壤之別，這種「身釋氈裘，襲紈綺，漸慕華風」（《通典》）的記載，在此也得到了驗證。

與南配殿相對應的北配殿，可稱是家徒四壁，除了正面牆壁漫漶不堪、形體難辨的一點影雕外，就剩下值班僧人的地鋪了。儘管如此，人們能在這片荒寒高地上尋見到這座千年古刹，進而領略到主配殿中那精美絕倫的10世紀雕塑藝術，也是不虛此行了。

以藝術發展的規律來看，依旺寺的雕塑現象是既突兀又淵源自有，這只要拿人們廣為熟識的江孜十萬佛塔、白居寺及毗鄰的生欽寺、夏魯寺的成功雕繪藝術相類比，就會很容易地得到佐證。據如今能翻看到的典籍記述和壁畫款識題記，上述著名寺院的雕塑繪畫作品，大多就出於前面提到的南尼寺地方和拉孜縣周邊的能工巧匠之手，雖說它們在創作時序上晚於依旺寺二、三百年。

2004年9月，筆者趁參加珠峰藝術節之便再訪夏魯寺，發現以往閉門謝客的雲姆拉康，如今竟門戶洞開、燈火通明，原來是寺裡開始復原、重塑在文革中被搗毀的十方佛像。藝匠們都是附近加措、白朗地方的人士，有兩位原來就在夏魯出家為僧，還俗後現在是回寺作功德。藝匠們復原的根據只是一張1959年攝的雲姆拉康殿西南角黑白照片，恐怕還應加上寺內老僧們的追憶。而今13世紀的原物只剩下了左邊佛像法座下端很像青天白日圖案的法輪座墩。經寺方同意，我就地翻拍了這張歷史照片，目的僅是想請讀者注意左邊坐佛裝束造形與團花圖案與依旺寺佛裝造形的一致性，並想進一步推斷依旺寺雕塑作者的本土化的可能與依據。

總之，文革那段不堪回首的歷史浩劫，居然還陰錯陽差地為我們留下了吐蕃時期的這樣一批群雕藝術品，並且可以講是全藏境內唯一的古寺晨鐘，發人深省，也真是不幸中之大幸。不管怎麼講，有了屹立千年的依旺寺的雕塑，至少人們在書寫或閱讀西藏古代美術史時會更理直氣壯一些。

殘缺並不都是美的

觀文革遺物金銅雕塑有思

藝術史上殘缺美的範例很多，不完美之美
已是人們早已認同的審美現象和審美多樣性
的標誌了。如西方的斷臂維納斯、東方的昭
陵茂陵石雕藝術等，都是殘缺美的典範之
作。本文則想向讀者介紹一種另類殘缺
美，更直接一點說就是原本和文革毫無關
係的文革遺物，它不在博物館、美術館，
更不在藝術典籍中，而是在西藏拉薩八廓角
舊貨市場的攤檔上。

近二十年間，大凡來過拉薩逛過八廓街的人恐
怕都領略過這樣的景觀：一面是來自藏域各地環繞
大昭寺無始無終的轉經洪流，一面是櫛比鱗次的藏族

↖紫銅的怖畏金剛頭部

人、尼泊爾人、四川人和西北人擺設的出售舊龍袍、古唐卡、酥油、化纖
頭巾、塑料夜壺等五花八門貨品的攤檔。在這些難以勝計的大攤小檔中，
還間雜著專門兜售文革遺物的特殊攤檔。往昔寺院莊嚴殿堂神壇上信眾頂
禮的佛神菩薩的金銅造像，在此都能看見，只不過是以被人為強力砸斷扭
曲，面目全非的形象，侷促地躺在髒兮兮的襯布上。這些教誨信徒、看破
無常的彼岸神明們，可能無論如何也料想不到，自身竟會流宕到如此無常
的境地。此情此景恐怕找不出一位無動於衷的旁觀者，不管他是有神論者
還是無神論者。

筆者與聲氣相通的友人平生的一大嗜好，便是逛舊貨市場和舊書店，
所以巴黎的跳蚤市場、塞納河書攤、加德滿都的皇宮市場、墨西哥城的黃

牆市場、北京的琉璃廠潘家園，都曾留下我們流連忘返的身影，從而也收穫了發現與購買的愉悅，和得到某次紀行物件的滿足。而這樣的感受，在本該極有興趣的八廓街文革遺物攤上卻怎麼也找不到了。平心而論，在這些特殊的攤檔前，令筆者更多的感觸是無奈、是苦澀、是滑稽、是美與醜、善與惡、樂與悲的心理交錯和視覺反差。所以，每當我們被裹挾進那無始無終的宗教行列的時候，耳畔迴響的不是晨鐘暮鼓的莊嚴神聖，而是那句近似揶揄的西方諺語：「一邊伺候上帝，一邊伺候金錢。」

　　近二十年間，筆者因公因私至大昭寺八廓街少說也有幾百次，但幾乎每次都能在那些攤位上發現新的文革遺物，由於利益的驅使，它們在蟄伏了幾十年後又被聰明的人們翻騰出來。攤主面對我們疑惑的神情，平淡地告知：「都是文革打爛的。」誰打的？怎麼弄到這的？會有人買嗎？你們賣這些東西不怕報應嗎？面對一連串的問號，攤主不願回答，其實他也回答不了。誠然這一切都可以歸咎於林彪四人幫，可如果深究起來，恐怕真相也不這麼簡單。

↖ 相對完整的鍍金銅雕千佛

↗ 這隻觀音手臂令人想到劉少奇舉著《憲法》抗爭的手臂

↘ 這件文革遺物，殘缺得算是恰到好處。

　　回憶中，在十年的動亂期間，養尊處優的林江集團無一人敢親臨高寒缺氧的西藏，雖然這並不影響他們對包括西藏在內的全中國文化浩劫的遙控指揮，少數內地的紅衛兵仍能經青、川藏公路走到拉薩、日喀則等城鎮搧風點火，但因氣候、語言、交通等條件的限制，他們不大可能再深入到縣鄉村。倘若這種回憶有一定的客觀性、合理性，那在西藏高原各地破「四舊」的時代英雄就只能在本地同胞，也包括在西藏供職謀生的漢族同胞中去認領了。筆者無意在這裡糾纏那段歷史舊帳，也無權去事後諸葛般地斥責在集體無意識的荒誕年代裡某些人行為上的失當與失控，更無可能去要求當年的造反派們能像時下的恐怖組織那樣坦然宣布○○寺院、○○拉康是他們搗毀的。筆者只是在此自問自答而已。當年瘟疫般的「四舊」物品，如今變幻成了能兌換成大把鈔票的香餑餑，真乃三十年河東河西。這些面目全非的佛頭、佛手、塔冠、法器等等被人們堆放於攤位上待

價而沽，它們——這些倒楣的彼岸之神——自然無法開口去訴說那段地獄般的苦難歷程，而只能繼續以捨身飼虎的大無畏精神為其佔有者創收與增值，也真是苦海無邊。本來殘缺是可以成為美的，起碼是可以找到美的視角的，但此時此境，筆者全然找不到什麼美，在這裡只有人格與人性的扭曲與悲哀，只有文明與文化的斯文掃地。

誠然，對於我們的社會，這些文革遺物也並非全無意義，這些失魂落魄的金銅雕塑本身，不正是三十年前整個中華民族集體惡夢的切齒鐵證嗎？瞧，這隻彎曲的有表情的觀音手臂，它令人想到被中南海紅衛兵圍攻批鬥時，劉少奇那隻舉著《憲法》的布滿老人斑的顫抖的手；這尊馬頭明王像，那怒目金剛的氣勢，讓人想到彭德懷元帥那顆高貴而剛烈的頭顱。

這尊被利器砍斷的觀音紫銅雕，常態下該是
多麼優雅端莊，但此刻它卻令人聯想到被獄
卒殘暴地割開喉管時，張志新那雙不屈而美
麗的大眼睛；這片銅皮雕，本是千手千眼觀
音立像的局部，聰明的商人將其剪成褶扇形
狀以增加賣點，但卻令人聯想到三十多年前
那場造神運動中隨處可見的當代宗教徒們的
亢奮迷狂的忠字舞；讓我們再看看這一片先
知先覺而又慘不忍睹的佛頭吧，它能讓我們
油然聯想起真正的民族菁英們和他們那以死
抗爭的凜然正氣。

↑慘不忍睹的佛頭

↙馬頭明王頭像

↗千手千眼觀音像的
　局部，令人想起文
　革中的集體忠字
　舞。

↘斷臂的釋迦佛

　　對於商家而言，這些殘缺不全的文革遺物，當然是賣得愈快愈貴愈好，這是他們的利益所在。而對國家和民族利益而言，筆者以為應該將其統統蒐集起來，分門別類地陳列展示於巴金老人呼喚了多年但至今還未建成的文革紀念館中，用以時時警策我們這個普遍患有健忘症的民族，用以昭示那些不曉得中國歷史，只知道吃文化快餐和只懂得一切向錢看的精神殘缺者。否則總有一天狼還會來。

　　我們反思檢討和銘記那段中華民族的恥辱歷史，是因為我們畢竟尚擁有光明的未來。讓我們與時俱進，一切向前吧！

一己之見説「瑪尼石刻」

自1984年，西藏美術家余友心、巴瑪扎西等人在《美術叢刊》上發表〈西藏瑪尼石刻藝術源流〉一文，首次提出「瑪尼石刻」這個文化概念專有詞彙以來，海內外有關瑪尼石刻研究的文字圖片便紛紛攘攘地跟進，持續不斷地湧現。2001年，重慶出版社決定出版《西藏瑪尼石刻》專集，囑筆者主編並寫一篇論述性文字。一件事情，二十年間許多人都在說都在寫，我又如何寫得出新意？盡己所能而已吧。

專集面世後筆者覺得有幾點遺憾，一是有些代表性石刻未被選入；二是印出來的圖片效果不理想；三是版式上幾乎沒有設計；四是印贈了敝人一頂根本不存在的帽子，即本人從未榮膺過且中國美協早已不設的中國美協常務理事之銜。綜上原由，令筆者的書房至今也未敢擺過這本大家付出了十數年心力的專集。

現在藉此文推介瑪尼石刻，並不敢單炒冷飯，而是想將上述遺憾聊作補救，唯此而已。讓我們回到瑪尼石刻的正題。

佛教傳來之前，雪域西藏盛行著原始拜物教——本教。那時的人們對於變幻莫測的大自然是敬畏、崇拜、迷惘和依戀的，大自山川、小到木石都可成為人們的保護與破壞之神的寄寓之所，所以也順理成章地成了人們世代頂禮的對象。然而，也正是這種聖山神湖的恢宏、神祕的自然氣象，培養了藏民族豪放堅毅、隱忍達觀的性格，並使之具有一種與生俱來般的強大生命意識與宗教情感。

約在四千萬年前，歐亞板塊撞擊的造山運動之偉力，把原本一片汪洋的特底斯古海奇妙地擠升為地球的屋脊極地，百態千姿的闊岩與石礫應是天公對這片超塵拔俗的地球高地最慷慨、最豐盈的饋贈了。

↗位於西藏那曲地區的羌塘瑪尼石刻群
(姜振慶攝影)

↘位於西藏拉薩地區的瑪尼石刻群

　　藏族先民，絕處逢生，靠山吃山，他們磨石斧以狩獵，鑿石鍋烹食以果腹，壘石屋以避寒，佩石墜以驅邪，維繫著長久不衰的巨石崇拜與靈石崇拜的信仰情結。散見於西藏各地的摩崖石刻與瑪尼石堆，便是這一古老信仰習俗流變的具體體現。

　　西藏摩崖石刻大都形成於10世紀前後，這得益於當時藏傳佛教各派系獲得了社會各階層的普遍認知與接納和整體社會經濟的發展。13世紀後，摩崖石刻之風日衰，而瑪尼石刻則幾乎不曾間斷地延續發展，成為西藏高原古往今來流布最廣、風格品相眾多、表現內容與材質手法甚為豐富的藏族民間雕刻藝術。

　　凡到過西藏或相鄰藏區的朋友，一定會在當地的山口、關隘、江畔、村落、牧場、城鎮、聖跡乃至於天葬場附近，看到一座座以石塊壘置成的素樸祭壇——瑪尼堆，藏胞也稱之為曼札或石供。

一般講石供最直接的意義有兩個：一是祈福與禳解；二是供人們轉經禮讚，以隨時匡正自身的思想行為。所以，在地廣人稀的西藏高原，無處不在的瑪尼堆自然而然地發揮著經堂與道場的功能。隨著瑪尼堆的擴展與普及，瑪尼石刻藝術便應運而生。只是以往海內外藏學家們的視野很少囊括進它。出於興趣，更出於某種責任感，西藏美協組織專門人力物力，自1981年起，便以二十餘年時間先後在全自治區及鄰近省藏區的七十九個縣、幾千個村寨牧場考察瑪尼石刻藝術，這也算是對瑪尼石刻藝術認識與研究的發軔。

受宗教意念的啟迪與驅使而產生靈感，全身心地投入，幾近無條件地為傳達再現佛陀「身、語、意」的宗教使命而創作，是藏傳佛教藝術的主要特徵，也是歷代藏族藝術家安身立命之本。

↗觀世音　高84cm　約12世紀

↗↗勝樂金剛　高27cm　17世紀
　西藏日喀則地區

在文化範疇上純屬民間藝術的瑪尼石刻藝人，多在一年春、夏、秋三季是農民和牧人，冬閒或工餘時才操刀創作。在社會上他們並沒有雕刻家之類的美稱，他們大概從未有過往文人堆裡扎的念頭。人們一般都是直呼「朵多」（刻石匠人）扎西、朵朵占堆。

朵多們的技藝一般是師徒相授，父帶子傳，且只限於男性。一塊乃至一批瑪尼石不管傾注多少心力與時間，鑴刻技藝如何高超，朵多們極少標具個人的名字和雕刻年辰。他們認為，佛像與經咒是聖潔且高不可攀的，芸芸眾生的丁點痕跡都不應混跡於其間。其創作的終極目標除了賺錢謀生外，

↖寶生佛　瑪尼石刻

幾乎全在於信仰上的愉悅滿足。一生刻了多少尊佛菩薩神像，刻了多少字多少段經文，有若一位信徒一生轉了多少圈聖山神湖或大昭寺布達拉一樣，是關乎來世與今生善業功德的大事。

早期的瑪尼石刻多刻畫佛教箴言咒語，後來朵多藝人們受到典籍插圖的啟發，也為便於對絕大多數文盲信眾啟蒙教化，遂出現了圖文結合乃至通體圖像的瑪尼石刻，且圖像內容也漸漸超出了佛、菩薩範圍。

縱觀浩若煙海的西藏瑪尼石刻，依其宗教意義大致可分為六類：1. 佛菩薩與高僧大德造像；2. 本尊護法神祇；3. 懺悔與發願；4. 符咒警句；

↗大持金剛
瑪尼石刻

5.整章或段落或摘句經書；6.供敬品。

依藝術風格流派，又可概括為四種：1.藏東地區的線面剔刻圖像和陽文通體經咒；2.前後藏地區的線、面、染三結合的淺浮雕；3.阿里地區的「胡味」雕刻；4.藏北羌塘大刀闊斧的寫意石刻。

自西元6、7世紀以來，前後藏地區一直是西藏政治、宗教、經濟生活的中心，各類人才相對集中，傳統文化頗具優勢，因此一直是雕刻繪畫藏傳佛教各式多樣標準像的搖籃。出自於這些地區朵多藝匠之手的佛陀、菩薩、大成就者的石刻造像，大都呈現出方正平和、剛柔並濟的品相，令觀仰者油然生出景仰與親和之情。而在刻畫高僧大德時，藝匠們又能刪繁就簡地抓住其為信眾所樂道、認同的法力與個性特徵，加以誇張變形的表現手法，使人一見便知這位是尊者米拉日巴，那位是譯師馬爾巴。

前後藏瑪尼石刻的另一特徵，便是其形制、內容、風格的保守性與突變性的共存現象。保守性是某種風格樣式的連貫與延承多年如一，而所謂突變性則是指隨各路朝佛隊伍來拉薩、日喀則進香還願的各地各派的朵多

們留下的作品。這些作品因其內容和刻法迥異而甚為奪目，它記載著朵多們的行程，也豐富了上述文化重鎮瑪尼石刻的陣容。

　　經過多年的考察比較，筆者以為藏東地區瑪尼石刻的歷史遺存在數量與品相上都可稱西藏之最，如丁青、昌都、類烏齊縣境內數處有名的瑪尼拉康。方圓幾百公尺的瑪尼堆層層疊疊積澱，供奉著數不勝數的形制石材各異，布局刻工有別，圖像經文相映成趣的幾百年間的瑪尼石，屹立於藍天白雪間，好不壯觀。據了解，需鐫刻上千塊石板的《卓瑪經》亦在其中，成為令人讚嘆仰止的雪域之寶。

　　藏東北地區為西藏本教與藏傳佛教相融相蓄的地帶，至今仍有不少村落與家庭，一部分人信仰本教，一部分人信仰佛教，同一座瑪尼拉康，你供奉你的主尊，我供養我的菩提。一早一晚，你右向繞圈，我左向轉經，真正的各派共處與相安。

✓疊砌起來的一段瑪尼石牆

→這塊石刻供奉的是「先富起來」的一家

談到藏東瑪尼石刻，便不能不談〈四大種神〉、〈百類歡怒賢〉。這類作品是當地朵多們樂此不疲的表現主題，是他們的殺手癇，也是他們對佛教藝術新的審美形象的寶貴貢獻。在欣賞這些作品時，我們不能不驚嘆藝匠們在把握人性與神性、外貌與內心、情致與意境的和諧自然的高超本領。細細想來，這種不可思議的本領似乎是只能來自於一個世世代代生於斯長於斯、又經常受到超自然偉力的保護與懲戒的民族的獨特思維模式與審美趨向。正所謂「人們怎麼生活，也就怎麼思想」，也就會怎麼表達與表現。

　　1994年冬，我們在藏東北丁青縣的一座本教瑪尼堆上發現一塊新刻就的瑪尼卵石，上半部刻滿了口形圓圈，足有百餘個，下半部則刻滿了一個相同的藏文「尸」字（漢譯為嘴）。這樣的瑪尼石刻恐怕大家都是初次拜見，難解其意。後經請益方知，原來供主是本村先富起來的人家，它的創作本意是請眾鄉親不要嫉妒，不要說東道西。很顯然供奉主人家這種懼怕千夫所指的禁忌心理既有「自保」也有「攻擊」的成分。這塊石刻本身為我們提供的思索是多方面的，但主要還是古老的本教禳解觀念進入20世紀後的一種折射和演變。

前面提到的懺悔與發願類瑪尼石，一般是文字為主，圖像為輔。這類作品產生的背景往往是人們在耕作或遊戲時不慎踩死一隻蟲蛙之類，雖屬無意，但畢竟導致了殺生這一佛教大戒（看來西藏僧人夏季有那麼長時間的夏安居，是不無道理的），所以就須請朵多擇吉日良辰，虔心禱頌後刻一塊有青蛙草蛇之類形象的瑪尼石，石正面一般是一句或連續不斷的六字箴言，石背面往往刻一行「為打（踩、致）死蛇贖罪，向成事佛致敬」的款識。這類石刻創作本身是發端於藏胞內心深沉而複雜的宗教感的。所以，我們在賞析這類作品時，絕無欣賞把玩漢地泥玩具時悅目賞心的輕鬆。

另外，所謂發願類瑪尼石在許多地區都常見，如刻小狗小羊與一片咒文組合的石刻；通常會是屬狗屬羊的人的行為曾經有違佛之教義，甚而做了違法勾當，旁人不知，但天知地知佛知，故寢食難安，所以往往須到較遠的地方請朵多師傅鐫刻若干塊有個人標記（儘管是含蓄的）的瑪尼石去供奉，以示向佛爺發誓：金盆洗手，下不為例。還有煙鬼酒徒們擬戒除嗜好，也往往如法炮製，以表示自己決心之大、之鄭重。

↖經咒與犬
高36cm
西藏拉薩地區

↗綠度母　高60cm
12世紀
西藏日喀則地區

產生並傳承於鄉野村夫手中的瑪尼石刻，雖然很難躋身於金銅佛像、壁畫、唐卡占領的堂奧，但卻絲毫不影響朵多們揚長避短地向姊妹藝術、學術借鑑的熱情。由於瑪尼石刻是純個體行為，更由於在偌大的地球上根本找不到兩塊完全相同的石頭，所以歷代西藏藝術家們奉為圭臬的《造像度量經》的金科玉律，在這裡幾乎等於零。每位求刻主雇的特殊內容與不同要求，每塊石料的隨形就勢，均要求藝匠們必須具有很強的變通與創新能力，以及敢於求新求變、自主發揮的膽識。所以，同樣的宗教內容題材，我們卻能在瑪尼石刻上領略到寺院殿堂藝術裡所罕見的富於個性的表現與彰揚，和純厚樸茂的民情風俗的氣息。

所謂阿里地區瑪尼石刻的「胡味」是南亞與西亞風格的代指。阿里高原一向被稱為西藏的西藏，在文化發展史上，它有著輝煌的古象雄文化圈時期，有著為世人矚目的諸多古格王朝遺址，有著號稱地質奇觀的遼闊土林，有著令人神馳意往的自然高度與文化高度。

⇈後藏地區的百類歡怒賢　瑪尼石刻
↑百類歡怒賢　高50cm　14世紀　西藏昌都地區

→百類歡怒賢（殘）　高49cm　年代不詳

　　札達、日土、普蘭一帶的瑪尼石刻，具有久遠的歷史沉澱和明顯的多種文化邊緣互染的情狀，很是有趣。如許多石刻佛、菩薩的造形融有印度馬拉王朝藝術風格的痕跡，多取蜂腰長身，極妍盡態，富於生命律動之狀。在這片方圓30萬平方公里的高原上，六、七萬藏胞正在無暇他顧地告別溫飽、奔向小康；相較之下，先人們留下的那些瑪尼堆也就愈顯珍貴了。

　　瑪尼堆在藏北地區，尤其是藏西北地區稀疏少見，要麼就是一堆尚未刻畫過的卵石放在一處，似乎更像是路標，要麼就是大刀闊斧的寫意式瑪尼石，有如羌塘牧人那般粗獷率意，地域特徵很是明顯，只是很難構成一種陣勢。

　　由於藏族同胞的信仰與習俗使然，我們在考察瑪尼石刻的過程中常常
會遇到另外一種無奈的驚愕，即信徒們視自身經濟條件允許，每年要為供
奉的石刻佛、菩薩造像更換新裝。所謂更換，過去是在佛像上塗繪本地產
的礦物顏料，經風吹雨淋後，在觀瞻上無傷大雅，而如今則「進步」到
油漆加清漆的層層塗抹，弄得吾佛滿身朱紫，硬是把一尊好端端的石刻搞
得面目全非，正應了「愈有錢愈破壞文物」這句話。說到習俗，筆者聯想
到別林斯基一句可怕的論斷，他說「習俗是一種神聖不可侵犯的、除環境
和文化進步之外不屈服於任何權力的東西。」看來，驚愕還要繼續下去，
因為它既不是書生們痛心疾首的說教，也不是權力人士發動運動或準運動
所解決得了的。只有讓我們期待著環境與文化的進步再快一點了。

↖一座用瑪尼石疊築
的尚未封頂的金字
塔

→古寺內的瑪尼堆

　　前面我們談到了西藏瑪尼石刻的四大類別，這裡筆者以為尚有一個類別應向讀者作三言兩語的交代，那就是「捨本求末」類。顧名思義，這類石刻捨金石健廓之神，求繪畫繾綣之形，力圖以刀追筆、以體尋墨，其結果自然是吃力不討好，這類作品無疑是瑪尼石刻中的敗筆，儘管它在總量上的比重很小。

　　近二十年來，隨著西藏旅遊業的興起，一些頭腦靈活的朵多藝人，包括男、女藝徒（這應當視作一個進步）索性搬至一些城鎮景點擺起攤位，現炒現賣。信仰賺錢兩不誤，今世來世一手抓。這種石刻的品相質量當然很難恭維，因為其功能與創作動機都產生了傾斜。但樂觀一些看，也算是古老的瑪尼石刻藝術邁進所謂商品信息時代的一種盲目適應狀態吧。

唐蕃古道嘆風塵

　　佛教正式傳入西藏，藏文明確記載的時間是6世紀中葉，即藏王松贊干布時期分別由印度和漢地南北兩個方向傳入雪域的。松贊干布與尼泊爾尺尊公主和唐朝文成公主聯姻時，不知是天意還是巧合，這兩位公主竟都不遠數千里從各自家鄉帶上一尊佛像來到吐蕃。

　　尺尊公主帶來的是不動佛像，文成公主帶來的是覺臥佛像。當年吐蕃

↙斷壁殘垣的馬拉寺
主殿，柏樹處為現
存拉康

↗簡易的馬拉寺山門

使臣祿東贊代表松贊干布迎娶文成公主進藏的迢迢數千里之途，被後世冠名為唐蕃古道，它與其他數條古道一樣，至今尚留存著許許多多的歷史文化遺跡，而令人神往。

1988年春季某日，筆者一行過拉薩河，沿川藏公路東行至墨竹工卡縣又北折，並於唐蕃古道去直孔梯訪勝。歸程時在雪努河邊打尖，引來幾位騎馬的老鄉下馬駐足，好奇地看著我們啃壓縮餅乾，於是大家便攀談起來。原來他們是從河叉上游的馬拉村到區上辦事的，他們說馬拉村也有一座古寺，本來很大的，文革中被革得七零八落了。這倒是引起大家的興致，決意前往一訪，只是苦了司機阿努，好在他駕術不錯，居然在幾乎沒路的草灘上把車開到馬拉村。

位於唐蕃古道末端支線上的馬拉寺座落於只有二十幾戶人家的馬拉村的中央，從其主、配殿的形制規模來判斷，這是一座與山南札囊寺、後藏夏魯寺相類似，始建於11世紀後弘期的古老寺院，昔日高大錯落的廟宇如今只剩下了一間小小的拉康（佛堂），拉康裡最主要的陳設是一個龕櫃合一的三層木櫥，供養著浩劫後村民們上交的一些十來公分大小的金銅佛神造像，每尊造像上還繫著紅布條，上面以藏文塗寫著捐贈人的大名。更為鄭重其事的是，該龕居然以三把大鐵鎖守護，據說其中的兩把銅匙分別留在區上和縣上保管，倒也真是個萬無一失的好辦法。我們只得踮起腳尖，隔著玻璃格貪婪地仰望著龕裡的精美雕刻。只恨光線太暗，只嫌玻璃太污，想細看看不清，想拍照更沒門兒。

✓走尖的青銅觀音
（側面）

　　無奈，只得悻悻然魚貫退出。突然匡啷一聲！不知哪位不小心踩到一堆金屬雜物上，險些絆倒。有人掏出手電筒一照，大家立即驚叫起來，全然不顧拉康內不能喧譁的規矩。原來雜物堆旁竟然置放著一尊巨大的銅鑄觀音頭像！真乃踏破鐵鞋也。徵得寺僧同意，大家合力將其抬出拉康，剎那間所有的人都意識到「高光」出現了。

　　這尊高近1公尺，重過100公斤的觀音頭像，為青銅澆鑄而成，以造形風格和鍛造工藝來看，應是12世紀作品無疑。那時全藏正勁吹著寺廟愈造愈大，喇嘛愈來愈多，佛（神）像愈造越大的風氣。馬拉古寺的當權者自然也會用佛神造像的宏偉氣勢來展現該派該寺的不同凡響。應該講，僅就體量而言，這尊青銅觀音像還不是最大的，但其強烈的藝術感染力和上乘的鑄造工藝是不言而喻的，其端莊典雅的情態所煥發出來的那種超拔自信與俯瞰大千世界的觀世救助精神，這種平素在繁冗經咒中一再闡示而信眾又難得要領的美妙境界，竟能透過勻稱和諧又富於張力的五官塑造而坦露無遺，似乎也是不全之全，不幸之幸，就連其殘損部位也是很得體的，而完整的右耳環提示著人們欣賞這尊觀音像的最佳視角，從這裡觀仰，才能體悟到「英挺高華」所形容的全部內涵。毋庸置疑，這尊被塑造得如此人格化的神像，當會是歷代信眾可以親近、依賴和崇拜的宗教偶像的。

我們有幸與這尊青銅觀音不期而遇，在盡情地零距離的賞析品味之後自然會獲得許多的啟悟，同樣也會提出許多問號。如：如此高超的銅雕藝術在當時的前藏地區是獨立的個案還是具有普遍性？為什麼在馬拉寺前端千餘公里和後續數百公里長的唐蕃古道上的幾十座大小古剎中，鮮見如此這般的藝術高光？依頭像高度按造像比例來看，此觀音的立身像應是5公尺左右，而如此巨大的金屬造像，以一千年前的各種條件所限，除了採用本土就地鑄造銜接，難有他策，那當時的雕塑與鑄造場地到底在何處？特別是那位不留芳名的作者，那位真正意義的古代雕刻大師，他在留給西藏藝術史上一首亙古絕唱的同時，更給後來者留下了一連串的不解之謎。

↗青銅觀音（正面）

寺僧見大家興致如此之高，便帶人從倉庫裡又搬出了一隻青銅手臂，一隻青銅足和一尊只剩下面頰的鎏金鑄銅佛像。一望而知，那隻手與足均為與該青銅觀音一體之物，尤其是那隻觀音足真可謂是神情具足，從中外佛雕中的弱項中脫穎而出。我們向寺僧請教怎麼不見佛與觀音的身體部分？答曰「哈姑馬松」（不知道）。推想那該是幾噸重的銅鑄體啊，難道當年也被某農機站熔化澆鑄拖拉機配件，為「農業學大寨」再立新功去了？筆者不敢也不忍再想下去。謝天謝地！好在佛頭觀音頭像等最有審美意義的部位尚在。

距首訪馬拉寺十六年之後，筆者有機會再訪馬拉寺。一老一少兩位當值僧人審視過介紹函後，我們便開門見山地提出拍攝青銅觀音像的請求。僧人說這裡沒有。我們堅持說有，並出示照片為證，老僧回答說他是十年前進寺的，當時就未曾見過什麼觀音頭像。至於鎏金佛頭，好像庫房裡有。於是同行的邊巴、阿龍和少僧進入幽暗的庫房東翻西找。這個庫房也真是莫名其妙，竟將皮張、羊毛、柴禾、青稞，與文革遺物胡亂堆積在一起。看到此況，筆者心中暗自慶幸僧人們平時懶得進庫清理，說不定那尊青銅觀音就安臥其中吶。邊巴他們先抬出了佛頭的銅鑄髮髻，直徑近80公分，又抬出了那塊1公尺多高的佛頭面頰，接著又搬出來兩隻青銅手臂，最後又翻騰出來一只吾佛巨耳。可唯獨不見當年的高光——青銅觀音，而那隻美輪美奐的青銅足也不翼而飛了。若依寺僧1993年進寺接班，這兩件經典性銅雕作品的「走失」（先不講丟失）時間應是在1988年至1992年的四年之內。當然，時過境遷，它們走失的時代背景已由當年的農學大寨變幻為一切向錢看了。面對神去寺空的現實，我們也只有默默祈禱的份兒了：願吾佛保佑青銅觀音最終不曾走離雪域大地⋯⋯。

✓ 馬拉寺的11世紀銅鑄佛頭與觀音手，可謂是碩果僅存。

↗青銅觀音手心

→青銅觀音手背

　　無緣再見觀音頭像，只有退而求之，而當我們將全部關注點投向鎏金佛頭的那一刻，便才如夢初醒般地意識到，今天往返數百里，此行不虛也。這尊因文革浩劫、因寺方管理者文化與審美知識的缺失而蝸居庫房的12世紀銅雕佛像，其文物與藝術價值堪可與那尊青銅觀音相媲美。為了佐證這一結論，還是讓我們將其放歸於西藏文化長河中去審視解讀吧。

←復原單耳的佛像正
面，可以清楚看出
「頸部三折」與「螺
髮右旋」等佛相。

↗復原部分髮髻的佛
像側面觀

　　6、7世紀至10世紀佛教傳來的數百年間，西藏佛教繪畫造像基本上是
對印度犍陀羅藝術和笈多藝術的接納與摹仿階段，而雪域原生藝術形式與
手段則基本上處於低潮或無所適從的狀態。11世紀後，藏傳佛教進入後弘
期，經過上路律傳和下路宏傳，佛法的巨燈再次被點燃，本土藝匠們的文
化表現意識也被喚醒或激活，所以這一時期的作品往往具備如下特徵：1.
佛像造形呈現出「年、魯、贊」等本土神祇造形相融相蓄的面貌；2. 有一
定的人本意念滲透於從謀篇立意到最終完成的過程；3.「洋為藏用」的自
覺性與分寸感的把握能力得到強化。從而使得作品風格漸次形成雄沉雅
健、氣度雍容的西藏氣派。

　　讓我們再回到眼前的佛像上，它的正、側面觀既不同於印度的「馬圖拉佛陀」，也不同於龍門盧舍那大佛和雲崗的釋迦坐像。但又能在髮髻、嘴角與眉宇的造形上找到南亞印跡。而其豐滿又略微內斂的通官鼻翼和簡潔、挺括的上弦月般的慧眼則明顯地洋溢著西藏人堅毅隱忍和自信的民族精神。就連欣賞者通常不敢恭維的厚厚鎏金，仰賴千年風塵的剝融與遮蔽，也已呈現出一派古雅高貴的色調和迷人光澤而十分了得。再看其鑄造工藝，那雙慧眼與上下唇均採用後弘期風行的「古格銀眼」法，以銀、錫等合金局部單鑄後鑲嵌在佛面上，用以獲得視覺上的豐富性和功能上的神祕感，據說此法已失傳多年了。

　　17世紀後，西藏佛教造像逐漸趨於類型化與概念化，相較之下，馬拉古剎的這尊殘損的鎏金佛頭對於西藏美術史來講也就更不能被忽視了。這尊珍異的佛頭之所以在全民集體無意識的時代風塵裡沒有走失，全靠橫遭「文革」劫難後其殘缺太甚而得以自保。看來「因禍得福」也同樣適用於佛之界。

　　歸途中，西垂的太陽直射東箱，曬得同行諸位昏昏入睡。醒來時已回到縣城，隨便找了一家小館打尖，等待飯菜上桌的無聊時刻，筆者茫然地望著雪白的牆壁上貼著什麼衛生健康格言，又是格言，不過它令我又聯想到那段薩迦格言：「寶貝在自己手裡，並不當成寶貝；一旦被人拿走，卻又捶胸頓足。」能夠捶胸頓足，說明寶貝的擁有者尚知寶貝的價值，而有著千年歷史的馬拉寺呢？連同那裡的鄉官村官和僧俗人等，恐怕根本就不知道該寺中的寶貝究竟是什麼。

觀宋代壁畫〈佛祖向三界眾徒布道授記圖〉

藏傳佛教各派系寺院的壁畫內容，大致不外乎佛本生本行故事、大德高僧功業、勸寓圖供敬品（供養人很少）和品相繁多的曼荼羅圖案。而能獨立成篇的山水樓閣、世俗風情和翎毛花卉則幾乎沒有。即使偶爾出現，也不過是在整鋪壁畫的邊飾位置，起著烘托主體的作用。

這種嚴肅有餘而活潑不足的情狀，當然可以歸咎於宗教造像經的制約，但古往今來，雪域大地上無數的僧俗畫師還是努力在寺院當局和施主允許的條件下，在上述那些很鄭重其事的宗教主題畫面的邊角部位，尋找可以表現才華和宣洩個性與激情的空間。如若不然，那麼少年來，百寺千壁陳陳相因，歷代藝匠毫無創建，受眾（主要是信眾）恐怕早就患上審美疲勞症了。

始建於1027年（北宋天聖5年）的全國重點文物保護單位的後藏文化重鎮夏魯寺，其措欽多康二樓北迴廊佛本生壁畫的末端，即有我們所期待的這樣一片10多平方公尺，表現上又相對自由有趣的空間。記得1982年春天，筆者與師友三人初訪夏魯寺時，就曾借宿在這間迴廊裡以觀仰和臨摹那裡的壁畫。只是當時限於自身的眼力和蠟燭的微光，竟然忽略了這段昏暗角落中的〈佛祖向三界眾徒布道授記圖〉。要不是一年前夏魯寺通上了電，主要殿堂都裝上了節能燈泡，恐怕這段有趣的壁畫還將繼續被幽閉下去。

〈佛祖向三界眾徒布道授記圖〉是一鋪南亞畫風與藏地畫風相互交融又相互借鑑的作品，其完成年代應在11世紀初葉，這幅壁畫畫面結構為橫向六序，每序又均分成十一至十二個長方格，加之一幅內容銜接但幅面稍大的禮佛圖，這種大與小的對比較好地消解了構成上簡單的幾何拼接。

具體說來，依上至下六序所表現出的內容是：1. 佛祖向三界開示圖；2. 供敬品；3. 三界受諭禮佛圖；4. 佛祖向三界開示圖；5. 供敬品；6. 三界受諭禮佛圖。畫面末端

則是長長的藏文烏欽體榜題，榜題下端是暗褐色的護牆裙連接迴廊地面。應該說，這鋪面積不大而位置也欠重要的壁畫最先吸引我們眼睛的部分正是它的三、五兩序中的供敬品的內容和相當民間化的散點構成，從效果上看似乎也是作者們較為忘情和鬆弛的部分。凡畫面中出現的佛寺、白象、紅馬、黃牛、華蓋、寶幢、法器、蓮花、纓絡、旌幡、海螺、燈盞、花環等物，都像是被隨意散置到硃紅與頭綠的方格之中，但卻能洋溢出一派童話般稚拙有趣的氣息。

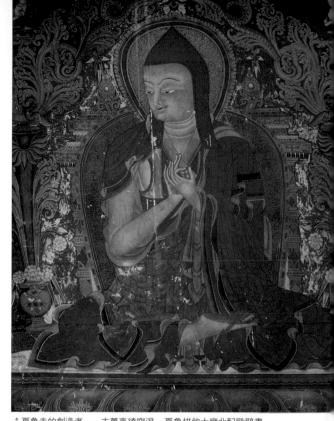

↑夏魯寺的創造者——吉尊喜繞穹涅　夏魯措欽大廳北配殿壁畫

我甚而揣度，這二十多塊小畫面，肯定是沒有粉本而是全憑作者的豐富想像與臨場發揮而圖就的，當然，無粉本並不是說作者全無腹稿，而是這腹稿全「只遣春溫上筆端」之際，呈現出了種種的變化莫測。

　　第一、四序的佛祖開示圖，其實這一序是很難畫的，因其內容、構成都是過於雷同的老生常談式，又是連續並列的所謂「一把壺四只碗」的固定程式。畫家只能在佛祖坐姿、手相、佛弟子們或跪或立之間做有限的調度與變化。不過從這兩序的畫面效果上看，還不算太過雷同與呆板。第三、六序的受諭禮佛內容要較一、四序好處理些，因其表現內容相對豐饒，作者可調遣的兵力稍有餘裕，但如若處置不當，又易與整鋪作品有欠協調，正是所謂繁不易、簡更難。

　　夏魯寺滿廊滿壁的壁畫作品的形成時間，藏學界基本認同是在宋、元、明三代陸續完成和修復的。而其作者，應是以本土藏族畫師為主，又有少數的尼泊爾和漢地畫工加盟而成的一支國際美術隊伍。據相關資料記載，著名藏地畫師欽巴索朗

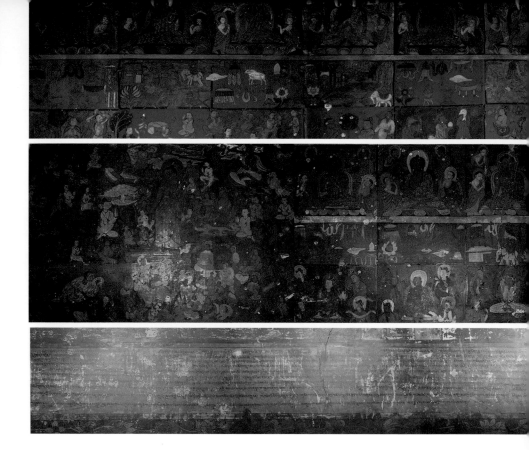

布、仁欽夏迦等都曾參與過夏魯壁畫的繪製。更有傳說附會講14世紀上半葉，
夏魯坐主，同時又是布頓學派創始人布頓大師也曾在該寺親繪過一幅〈天象圖〉
的壁畫作品。儘管縱觀夏魯全寺壁畫根本尋不到這幅〈天象圖〉，但是人們寧
可信其有而不願信其無。

　　為了進一步研究與借鑑，筆者近期又專赴夏魯寺，將〈佛祖向三界眾徒布
道授記圖〉的全部榜題悉數拍攝。返回拉薩沖放後又煩已故藏學大師雪康・土
登尼瑪先生賢侄德慶多吉先生譯成漢文，現特抄錄在下，以供讀者們賞析。

　　彼時世尊向阿修羅王淨心天講授似彼無始生無相之箴言。其後，阿修羅王淨
心天，帶領陸拾千億非天和陸拾千億非天女，向世尊首次敬獻了供云。亦從「大
海中無價之寶」至「散出一棒赤珍珠」為止，並妙贊世尊……。如此供奉之後，
隨順菩提心之非常歡喜之心，雙手合十，安坐於世尊之前。

↑上為〈佛祖向三界眾徒布道授記圖〉上端三序，中為下端三序，下為壁畫榜題全文。

　　之後，鳥王妙翅捌萬陸仟眷眾，見阿修羅五眷眾舉供養，聞授記。便對世尊生出無比虔敬之心，為供奉世尊而努力。為供養世尊，使用七種珍寶，建構起華美明燦之殿堂，並禮贊世尊。

　　之後，忻喜龍王和近喜龍王等九拾千萬眷眾微得神奇，並向世尊奉頂禮，以頌贊美。

　　之後，拾捌仟萬鳩盤荼眾眷，見非天，妙翅鳥王眾眷及龍女龍男勤心供養，並聞授記，心生滿足服膺之意，欣喜如狂，意生舒逸。證得稀奇。手持七種珍寶製成之寶傘華蓋、花環等，為供奉世尊。在天空飛旋三圈，然後降於世尊前，並行頂禮，安坐於世尊前，以頌贊美世尊，獻供如妙高山之供敬品。

　　之後，參拾陸仟萬乾達婆，見諸非天、鳩盤荼、諸龍女及諸龍男等，供奉世尊，聞授記……。

尺短寸長説藏印

西藏傳統印章散見於藏域的市井坊間，還是上世紀80年代以後的事。做為一名在藏的美術從業者，筆者偶發興致選購幾件賞玩或鈐於自己的畫作上，也是近十年來的事。在我的記憶裡，西藏印章在形制與功能上均過於單調，以後經過深入一些的訪查探究，才慢慢糾正了自己多年來對西藏印章的偏見。

據典籍記載，西藏印章（專指官、封印）最早登上社會政治舞台的時間，是在7世紀吐蕃王朝初期，唐貞觀十五年（641年），吐蕃大臣祿東贊前往長安為松贊干布請婚時，由於其「占對合旨，太宗擢拜右衛大將軍」，從而開啟了中原王朝對西藏地方官員封官授印的肇端，繼而對吐蕃贊普官職爵位的冊封更漸成制度，以致吐蕃大將倫孔日所言：「無大唐冊命，何名贊普。」

鐵質關防鑄印，鼻形鈕可視作對漢地古印體的借鑑。

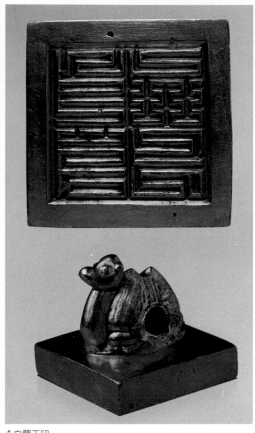

↑白蘭王印
銅質鎏金
高10.6cm
元代

↗桑杰貝帝師印
青玉質
高8cm
元代
該印文字即為八思
巴文白體

　　然而，由於戰亂天災等緣由，今天的人們已無緣窺見第7到11世紀間的藏印遺存了，這不能不說是很大的憾事。

　　如今，人們在諸大寺院、博物館、檔案館壁壘森嚴的庫藏品中尚能一睹的西藏封印，只是由元代至民國間的遺存。這類封印通常是當時的中央政權頒授給藏地宗教領袖與部族首領人物的正方形印面、有鈕飾的官樣印鑑。我們知道，自秦漢以來，只有皇帝才准用玉製印，這種不可僭越的觀念千百年來深植於社會各階層；但元明以後，中央王朝為了表示對西藏地方僧俗首領的尊崇，竟也頒賜一部分玉製封印給西藏的僧俗領袖，也算得皇恩格外的浩蕩。

　　12世紀中葉，西藏正式歸入中國版圖後，忽必烈又先後封八思巴為「國師」、「帝師」，請八思巴創立新蒙古文字。其時藏傳佛教也成為藏蒙兩族人民共同的精神財富，據載，有元一代共詰封了十四任藏族帝師。如

今我們能見到的元朝所頒授的「國師印」、「帝師印」、「白蘭王印」等玉質方形八思巴文的官印，無不遵循著「凡宣命，一品二品用玉，三品至五品用金」的御寶制。而「宣政院印」則用銅，「亦思麻兒甘萬戶府印」用鐵。總之，百姓和各級官衙均「惟視印章，以為輕重」。

明代也承襲元代崇佛治藏方略，但卻並不獨尊薩迦派，而是採取多封眾建之途，以利於權力集於朝廷的宗旨。明代頒授給西藏的各級官印較多，如直鈕銅製的「必力公萬戶府印」、龍鈕象牙製「灌頂國師闡化王印」、龍鈕玉製「如來大寶法王印」等，只是如上這些官印之文均改用九疊文了。

清朝在西藏的施政方略是全力扶持格魯教派，籠絡推崇達賴班禪系統，用以穩固藏蒙地方。自五世達賴始，歷世達賴班禪選定坐床均須報請中央政府批准，並賜以金冊金印加以隆重冊封。這裡還需提及的是，清高

↑輔國普化輝師熱振
呼圖克圖印
銅質
高12cm
民國

宗頒授八世達賴絳白嘉措的玉印「西天大善自在佛所領天下釋教普通瓦赤拉呾喇達賴喇嘛之寶」和頒授給七世班禪的銀印「敕封班禪額爾德尼之寶」，是有清一代朝廷頒賜西藏政教領袖唯一稱寶的兩枚專印，而字體則演變成了滿漢藏三體合璧。

我們知道，許多枚達賴班禪的金銀玉封印又都有木、鐵材質的複製品，這類現象當地人士一般解釋為對原印的珍視與保護，至於鐵印大概還寓有鐵面無私、剛直不阿的含義吧。

辛亥革命後，民國政府實行漢滿蒙回藏「五族共和」及「五族平等」的政策。十三世達賴喇嘛也明示「吾所最希求者即中國之真正和平統一」。民國政府在1925、1931、1933、1935年相繼頒授給九世班禪、十三世達賴、熱振活佛藏漢文一體的金印、玉印和銅印。

1995年冬十一世班禪坐床大典上，李鐵映代表國務院向十一世班禪頒授漢藏文合璧的金印與金冊。這也是近半個世紀以來，中國中央政府首次冊封西藏頂尖活佛的一大佛門盛舉。

簡略回顧千餘年西藏官方印鑑的流變歷程，審視那為數不少的煌煌遺存，其歷史價值與社會學意義自是不言而喻，但因其本身集政教權威於一體的特殊功能所限圍，數百年來，這類官印均是陳陳相因、尊貴有加但卻略輸文采的官本之相。

西藏印章裡談得上聊備審美價值的，幾乎只能在所謂的私印中去發現。

1982年早春，筆者在日喀則舊貨市場上見到過幾串繫於牛皮繩上的金屬印章，銅鐵材質均有，其印體大致是3、4公分高的圓柱形並有火珠、金剛杵等宗教圖案的印鈕，印文則是圖象多於文字，總之均是寓印面的或方或圓之中的變幻多端，放逸自由，十分可人。自那以後的二十多年，筆者

↑形態多異的鐵質
私印

對西藏私印的興趣也隨其市場價格的不斷攀升而增長，每每遇之總要細細摩挲把玩一番，有可心之物便購藏並幾分得意地鈐於自家書畫之上。

這裡所指的西藏私印概念，只是為了敘述上的方便，其實僅就私印的內容用途而言，這個陣容裡又該包括中下層僧俗官員的印信，它的印文內容不外乎寺院莊園名號和官員名字的祕寫或縮寫，更多的是以日月、法輪、萬字、南玖旺丹、海螺、火珠等變形變異的宗教符號為印面圖象的印信。藏族同胞普遍認同，僅有品學高尚的飽學之士或是極有來歷的高俗大德，方有資格著書立說而以益眾生，一般僧俗人士到平頭百姓是不能也不必的。因為做為眾生之中的一個區區個體，此生此世的經歷感受也不過是六道輪迴中的一個有限段落，其所言所書難免多有「妄語」與誤導的成分，遠不足以傳世與留名，充其量也只該如孔夫子所曰的「述而不著」罷了。基於如上的社會觀念，我們便不難理解何以完整意義上的人名私印在這裡竟是寥若晨星，進而也就會認同，與其謂之西藏私印，不如稱之為藏族圖像和宗教符號印更為確切些。儘管西藏高原有成千上萬的人叫「扎西」（吉祥）、叫「次仁」（長壽），但一枚枚藏族私印還是告訴我們，人的名稱只是個符號，人的一生只是個過程。

藏族文明史告訴我們，藏文的創立與使用至今已有一千三百多年的歷史了。7世紀，吞米・桑布扎等文化先覺結合藏語音韻規律及古象雄文

↑端莊富麗的金屬私印

↗繫羊皮繩的金屬私印，令人遙想印人遠追的秦漢。

字，經過整理與再創造而最終形成了三十個輔音字母和四個元音字母的獨特文字體系。13世紀八思巴受命創製新蒙古文字，也俗稱八思巴文。這種八思巴文後又經改進成為更富圖案感和更為遒勁工整的霍爾依體字。乍一看，它幾乎與漢字入印的九疊文體無異，因此上下行拼音的霍爾依體的推廣與入印，也就呈順理成章之勢了。這種新字體的入印鐫刻，既彌補了西藏封印單一楷書的單調，豐富了藏印的審美，也協調了藏、漢、蒙三文合璧印面的視覺統一。

更有趣的是，製印者出於維護印面的美觀與完整，有時竟不惜遺用幾個並無實際意義的字母以填補空白，這也常令讀印者往往不得要領。除了霍爾依體外，通常藏印印文還有同為拼音的由左至右行的烏金體和單體讀音成義的「連扎體」（多為咒文，無世俗內容）。近年冬，筆者在拉薩市面上購得一枚核桃木質的獅鈕印，印文即是烏金體與連扎體的組合。

↑木質私印，右印文為「扎西」。

仔細觀察，稍微考究些的西藏金屬印（金、銀製官封印除外），往往是印鈕與印面合二為一的組合體，或銅鈕配鐵面，或鐵鈕配銅面，印鈕也就是方形或柱形印體頂端的裝飾部位。這方寸之間可是製印家們得以展現才華的舞台，讀者不妨從本篇多幀圖片中得到欣賞上的愉悅。筆者以為，藏族製印家們對於印面印文的創作熱情遠遠不及對雕刻印體印鈕為高，如果說藏印章具有品味把玩的成分，愚意以為十分之六七正是在這爭奇鬥豔的印體與印鈕上。僅就印面而言，西藏私印的審美度與文化延展度都還是有限的。

西藏私印的使用範圍廣泛，如信札往還、買賣契約、表達祈願、合同借貸、紅白喜事、庫房入出、門戶封條（鈐印與火漆封連用）等。與漢地一大迥異之處是，至今尚未發現西藏文人印或閒章，這恐怕也是囿於西藏歷史上幾乎沒有文人繪畫的文化背景。總的來說，那時的社會與受眾不鼓勵「太變成法，不成事體」的具有創作和創新精神的作品。人們願意接受的是那些世世代代膜拜禮讚的宗教書畫範本，寬容的界線也只是無傷大雅

的小改小動。這種行之久遠的主題先行理念,首先與藏胞的價值取向相吻
合,然後才是審美情趣上的選擇與接納。在政教合一、佛神至上的舊西藏
社會裡,雕蟲篆刻,壯夫不為,而文人們又不敢冒越雷池,這就造成了歷
史上西藏文人印的空白,從而也給新時代的製印家們留出了創基立業的開
闊空間。

列喀薪藝術

西藏木雕藝術的高峰

本文擬介紹的幾件「列喀薪」珍品，相信讀者若不先讀標題，恐怕難以想到這些作品的材質是櫻桃木或楊木，也不會想到它們是產生於10至13世紀間的經書封板木雕。10世紀之前的這類作品，於今我們已無緣拜讀，也無從想像；13世紀以後這類作品則幾近罕見，即使有，其水準之懸殊也

不可以里計了。雖然筆者不敢妄斷，近六百年來，雪域大地上的木雕藝人是否真的缺乏見賢思齊的雅量，但是從一定意義上看，說「列喀薪」是西藏木雕藝術中之絕響，似乎並不為過。

說到西藏雕刻，人們往往會首先想到西藏金銅佛像、西藏泥塑佛像和上世紀80年代後才慢慢浮出水面的西藏瑪尼石刻。至於木雕藝術則往往不甚瞭然。其實木雕藝術在西藏的歷史，與石刻、金銅雕刻藝術是很有得比的，如人們習見的建築裝飾木雕、家具木雕、經版和法器模範木雕等。在這裡我們將視野收攏，專門說說「列喀薪」木雕。

藏文經論典籍的版式與裝幀頗受印度影響，多呈「貝葉裝」式，即以

↙白居寺經書架上的兩函經書，可看見藏文經書的外經板、經葉和內經板的組合形式。

↑號稱第二敦煌的薩
迦寺經書牆上堆積
待整的一函函經書

↘佛母（智慧之母）、
佛祖和金剛薩埵
（普賢菩薩）
列喀薪　約10世紀

木板包夾於經文外側，也稱「梵夾裝」，通常每一經函皆由外經板、內經板和經頁組成。而本篇推介的「列喀薪」藝術，即來自於經函的外經板。能夠被冠之為木雕絕響的「列喀薪」的創作年辰，距今均應有千年歷史，而西藏大地尚存的2千多座大小寺院的歷史大致也與之相近。遙想當年，西藏本土與南亞僧人翻越高高的喜瑪拉雅山脈取經弘法的同時，也順理成章地負笈萬里，將天竺響式的「列喀薪」帶到西藏，不過，限於水遠山遙的地理因素，為數畢竟有限。所以，我們有理由推斷11世紀前後數百年間，是西藏本土木雕藝術積極借鑑、大膽吸收外來文化，並迅速形成自身風格的輝煌時期。如今，雖然經過無數次政教權力更迭和天災兵火淘掠，人們仍能在一些寺院中發現一塊半塊的「列喀薪」遺珠。習慣於托古自重的寺方，似乎更曉得其價值。現在，它們不再是做為經函夾板橫躺於架上，而是與佛神雕像並行陳列於堂奧，供信眾瞻仰膜拜。

下面，讓我們將視點聚焦，零距離地賞析幾件「列喀薪」精品。

一、〈佛母（智慧之母）、佛祖和金剛薩埵（普賢菩薩）〉，這是藏文大藏經《甘珠爾》的特定主尊，所以也是《甘珠爾》的專屬封面設計內容。這件65公分長的高浮雕，布局層次分明，主次形象配置得當，三主尊

↑甲瓦仁阿（五種姓佛）
（局部）
列喀薪
約11紀

↙甲瓦仁阿（五種姓佛
列喀薪
約11紀

形象特徵寓變化對比於和諧端莊之中。智慧之母兩手呈說法印，另兩手分持經卷和金剛杵，形容悲憫；佛祖雙手呈觸地印，儀態莊嚴；金剛薩埵雙手呈吽迦羅印，呈謙恭敬業之神態。而主尊背光與龕籠紋飾浮雕也不可小覷，左右菩薩、伎樂天、供敬品、共命鳥、白象靈獸瑞禽，均被巧妙地嵌進滿鋪的卷草紋絡之中，且不枝不蔓，恰到好處。再看那三層邊飾圖案的處理，裡層為點線結合，中層與外層均為蓮瓣，可又勢同形異。總之，古代藝術家對這類主題性、規則性極強的作品，在形式感的追求和審美豐富度的把握上令人嘆服。

　　二、〈五種姓佛〉，這個題材多見於西藏寺院壁畫、唐卡與泥塑作品，是歷代藏族藝術家樂於傾心為之的宗教主旋律。五種姓佛藏語稱「加瓦仁阿」，也即通常所說的五方佛或五佛五智，藏傳佛教中五種姓佛依序

↑甲瓦仁阿（五種姓佛）
　列喀薪
　約11世紀

→甲瓦仁阿——供養天
　女與白瑪花
　列喀薪

↖應龍圖案　列喀薪
約10世紀

分別為：1.吞夜卓巴；2.仁欽炯內；3.釋迦牟尼；4.米聚多吉；5.囊巴囊澤。

　　其中一塊〈五種姓佛〉（見65頁圖）「列喀薪」，布局上採用五旋大卷草紋，各托出五朵蓮華，華蕊中分坐五尊佛，極為精妙。刻法上以高浮雕與淺浮雕相配烘托主體形象。其邊飾則是各具情態的供養天女和誇張的白瑪花，通體刀法遒秀，逸致翩然，洋溢沉幽的理性美。

　　三、〈智慧之母、佛祖、金剛薩埵〉，一望而知，這是一塊千年古板，因為它出自一座始建於一千一百多年前的古老寺院。該寺院在19世紀末和20世紀初曾兩度遭受英國入侵者的光顧和掠奪，這件劫後尚存的作品因此更顯珍異無比。其構成除了同第一塊介紹的「列喀薪」裡的三主尊之外，又分別夾刻了觀音和文殊二菩薩，只是體量略小，且主尊與弟子形象均已模糊不清。令筆者格外動情之處反是在其繁密繾綣、典麗高華的背景淺浮雕，因為在這無以復加的奢侈鋪陳中，你能感受到一派祥雲的氛圍，你能體悟到某種淨土事相與境界。而做為畫家的筆者，幾乎找不出那變化多端的旋轉紋與隨形就勢的靈獸之間的銜接點。這塊「列喀薪」極符古人

所云「欲知其妙，初觀莫測，久視彌珍」的欣賞規則。

　　四、〈佛傳故事〉，佛本生本行故事，從阿旃陀到莫高窟，從巴比揚到龍門雲崗，從大昭寺到塔爾寺，被海內外藝術家們雕繪表現過的作品，真可謂浩若煙海。不過，在「列喀薪」有限的幅面上表現佛傳故事主題，以筆者有限的見聞，這還是進藏三十一年的唯一。1987年夏，筆者到後藏考察瑪尼石刻，無意間在一片廢墟掩映的古寺中撞見這塊千年古板雕刻，當時寺間十分寒傖，六、七位僧人維持著裡外場面，記得透過厚厚塵埃仍能窺到它那古奧深幽的迷人色澤，當時在陽光下拍下了兩張幻燈片。（1995年藝術家出版社出版的《西藏藝術集粹》一書中即用上此片）其後隨著經濟發展，該寺也逐漸擺脫了困頓境地，國家撥款與信徒捐贈日益增多，使它得以維修殿堂，添置佛龕，就連這塊「列喀薪」上的千年塵埃，也被僧人們用洗潔靈清除殆盡而煥然一新。這是在保護與信仰名義下對文化藝術善意強暴的又一例證，面對此情此景，也真是啼笑皆非。還是回溯到當年初見這塊佛傳浮雕時的感受吧。它的主題很傳統、很古老，而它的

構成與技法又很現代、很前衛，讓我簡直懷疑畢卡索創作的〈格爾尼卡〉，是否也從這塊「列喀薪」上獲得過啟發。

↖智慧之母、佛祖、
金剛薩埵與觀音、
文殊菩薩
列喀薪
約10世紀

↙佛母與眾佛壇城
列喀薪　約12世紀

　　五、〈佛母與眾佛壇城〉，這塊邊長60公分的「列喀薪」相當完整，除去高浮雕佛母形象略有磨損外，所有圖像連同那熠熠色澤均是如此完美無瑕。作品本身洋溢出的莊重整練、靜穆宏富的氣息，無疑具備持久的藝術感染力。佛母即智慧之母，也即藏傳佛教中所言的緣起性空的諸佛之本。《報恩經》中講道：「佛從法生，故以法名佛母」。以往，筆者只當她是專指摩耶夫人一人呢！

　　六、〈三世佛〉，這也是藏傳佛教造形藝術中經常出現的主題。只是，要想在「列喀薪」窄小幅表上表現「佛放光明，滿三千大千世界」的吉祥宏大的境界，其藝術難度不知比在壁畫、唐卡上多多少倍。規定的內容，規定的尺寸，以及深淺浮雕兩種技法，分明是在考驗雕刻家。而西藏

⇈佛母與眾佛壇城（局部）　列喀薪　約12世紀
↗三世佛　列喀薪　約11世紀

的古代藝術家皆能以虔敬的心態、高超的智慧和嫻熟的技藝，絕無雷同地呈交出
一份份超值答案卷。在這件〈三世佛〉作品裡，吼獅、摩羯魚、寶馬、白象、黃
牛、朱雀點綴於迴環往復的卷草紋飾之間，其中單是吼獅的造形就有變形變異的
五種之多。而主體形象與背景造形的絕妙設喻，又呈現出詭譎嚴正、奇偶交錯的
視覺效果，令人體會到創作者的熱情與投入及天才般的想像能力。該作通體遠視
令人眩目欽羨，近觀則迭宕錯落，意蘊無盡。《妙法蓮花方便品》中說：「……
若當有人，作佛形象，功德無量，不可稱計，世之所生，不墮惡道。天上人中，
受福快樂。」筆者以為，若說這件作品古往今來令天地間無數眾生膜拜觀仰，受
福快樂，令今天的人們感受到、觸摸到一千多年前西藏木雕藝術的文化指向與審
美高度，並激勵起創造與時偕行藝術的熱情和勇氣，應不為過。

另類的西藏壁畫

　　工勾密染的佛神造形，富麗輝燦的色調，幽遠神祕的意境，大概是人們對西藏宗教壁畫的總體印象了。應該說這種印象是準確的，就連我這個在西藏美術圈混飯吃達三十多年的準西藏人，對西藏壁畫、唐卡的審美記憶也是如此。不過本篇倒是想為讀者介紹幾幅另類的西藏壁畫，它們大都是內容輕鬆且又充溢著生活情趣的非主流作品，故而有好事者又將其歸類為宗教主題裡的文人畫角落。

　　說來也巧，介紹的這些作品，均出自雪域文化重鎮拉薩和日喀則兩地區的著名寺院與頗章（宮殿），無疑也就有著相當的代表性。筆者以為，對這些作品的了解將有助於對西藏壁畫認知度的全面與深刻。

　　〈祥雲與靈石〉，這是後藏十萬佛塔二層壁畫邊飾中的一個局部，雖非宣紙水墨，但還是能讓人感受到逸筆靈動、寫心寫意的酣暢，五色的靈石、纏繞的祥雲，令人更容易從繁密沉鬱的主體繪畫對比中體驗到洗鍊單純的審美愉悅。

　　〈山澗雙麋〉，菩提樹、翠柳、祥雲和五彩石山組成的大背景，襯托出相互追逐的麋鹿，一隻巨鳥掠過樹冠，通篇洋溢著恬澹和諧的氣息和童話般的意趣。其實，這樣的景觀在西藏自然界裡比比皆是。

↗山澗雙麋　15世紀
→遨遊圖　15世紀

←祥雲與靈石　15世紀

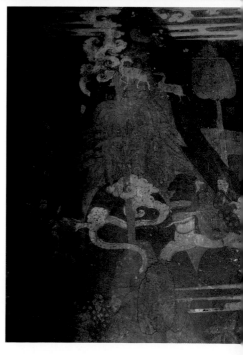

　　〈遨遊圖〉，這是白居寺二層
迴廊佛傳故事壁畫的局部。與整鋪
作品的嚴謹風格比較，這個局部畫
得實在是輕鬆自由、生氣盎然，造
形別緻的數層靈芝雲恣意鋪展於茂
林山麓之間，三對騎象習武的貴冑
子弟奔逐顧盼，恰似一幅林下澤畔
的遊春圖。二十多年前，筆者第一
次看到該作時便十分傾慕，進而又
不斷地思索它為何會在形式技法上
如此突兀，如此游離於整鋪作品。
是畫家個性表達的有意為之？還是
另有其他原因？不管如何，還是要
感激五百年前的西藏畫師們留給後
人的這塊文人畫角落。

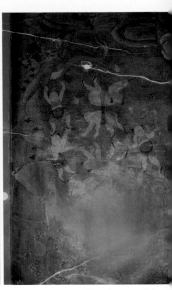

↖ 嬉水童子　15世紀
↖ 雲中三聖　12世紀
↑ 嬰戲圖　18世紀

　　〈雲中三聖〉，是創作於12世紀的夏魯寺壁畫，這個自造標題容易讓人聯想起屈子九歌中的雲中君。然而此雲非彼雲，這鋪當年由尼泊爾藝人完成的壁畫，內容是南亞佛教與藏傳佛教相互交匯融合的那段歷史，傳達出珍貴的文化信息，並呈現出明顯的南亞裝飾畫風貌，朱砂、石綠、土黃、黑與金色構成豐富的視覺美感。但見那雲已被大膽地處理成騰起的羊毛堆，雲朵又被細線勾勒成擠靠成群的羊隻，依此也不妨將那三位聖者看作是三個牧人，似乎更合乎賞析的情理。

　　〈嬉水童子〉，沒有到過西藏的人總將這片高天厚土想像得過於荒寒乾旱，鳥不生蛋。其實不然，這裡有著十分豐饒的水資源，曲贊（溫泉）更是遍布全藏多地。這塊壁畫邊角部位畫的就是花紅柳綠時節，幾個童子在一汪清泉中嬉水玩耍的情景，泉邊畫著飲水的麋鹿和野鴨，仔細看去，童子的身邊還有一些小水鳥逐浪覓食，這種人與動物、人與自然和諧相處的秩序美，應是畫家們對現實生活的發現與表達，所以也可以說這是一幅寫生作品。我們知道，傳統意義上的西藏人除了吃糌粑和牛羊肉外，對自然界其他生物大都存有深根的護生惜物的情結，所以如果請西藏人到廣州

↗思維高僧　18世紀

海鮮館一條街觀光的話，那真如同押著人家到地獄走一遭似的。舉一身邊例子，1996年夏，友人郭兄進藏時特地帶來十把紗網蠅拍，擬送給美協同事家用。因郭兄不知西藏人只有趕蒼蠅而無打蒼蠅一說，故而那十把稀罕物越時九載竟一把也贈不出去。

〈嬰戲圖〉，這是七世達賴喇嘛夏宮格桑頗章的一鋪壁畫，畫中有一群活潑可愛的孩子，天真爛漫地玩耍於村野溪畔，遠景則點綴著幾戶漢式農舍。從孩子的髮型裝束到手持寫有「增福延壽」的旗幡和龍舟玩具來判斷，這幅畫應是對漢地木版年畫的臨摹，也說明了格桑頗章主人審美多樣性的精神需求和對異地文化包容的雅量。

〈思維高僧〉，此品還是出自於拉薩西郊這座庭院深幽的夏宮：畫面裡漢地的僧人、漢地的經卷辭章、漢地的瓦屋、撐篙泛舟的童兒、碧波托起的一雙款款游弋的鴛鴦，都呈現出不折不扣的漢地景境。翻翻歷史，有清一代兩百多年間，中央政權對西藏地方的聯繫與治理是相當緊密和有效的，清廷數代帝后邀請達賴班禪赴京城及承德晉謁作法，所給予的禮遇之隆盛，賞賜之豐厚，為以往歷朝所不及。

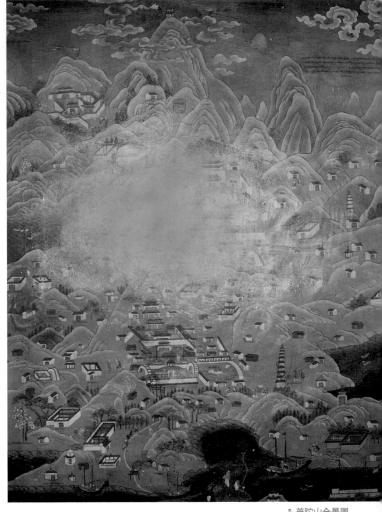

而西藏的頂尖活佛們在內地弘揚藏傳佛教、廣結善緣的同時，必然會接觸到其他民族創造的物質和精神文化成果，並有選擇地將其引進雪域大地，此實為一種很有意義的文化現象。

〈普陀山全景圖〉，這是13世紀達賴喇嘛夏宮促吉頗章的一幅壁畫。一望而知，它是藏族畫師對內地普陀山居圖的忠實移摹，整幅作品的散點式布局，寺院、民宅建築的造形，

↖普陀山全景圖
19世紀末

石青石綠的設色，均為地道的中土青綠山水，唯有繚繞的五彩祥雲是藏式畫法，這種痕跡生硬的藏漢合璧式的作品並不多見。去年春，筆者隨西藏政協視察團到羅布林卡公幹，才得便進入七世、十三世達賴喇嘛夏宮等平素絕少對外開放的建築堂奧之中。此外，照片上觀賞〈普陀山全景圖〉的老阿嬤為十三世達賴家族的直系親屬。如今老人家擔任著自治區政協常委等社會職務並且神旺體健，著實是福人天相。

最後讓我們再回轉到格桑頗章，欣賞一鋪18世紀的主旋律壁畫作品〈大成就者幻化輪圖〉，這件作品無論從其藝術風格和繪製手法都堪稱是經

↑十三世達賴喇嘛後
　代親屬在觀賞〈普
　陀山全景圖〉壁畫

↗大成就者幻化輪圖
　18世紀（右二圖）

典的西藏壁畫。整鋪畫作的布局大膽率意，起伏節奏舒朗又具變化，是有
勢有質的東方表現主義佳作，山野、湖澤、樹木、煙雲、星空等均做為托
映主體形象（大成就者、練功修持者、供養人）的渾然背景，一層暖褐色
澤均勻地籠罩於整個畫面，使畫作透著一股歷史感。筆者在近距離觀仰
時，還真的從畫面上嗅到一股檀香和酥油的混合氣息，助人對彼時彼岸的
遐思遷想。與前幾幅壁畫相比，這幅作品絕算不上另類，筆者將其放置篇
末，僅僅是令其與司空見慣的佛本生本行壁畫做個比較而已。

II

創造心靈的觀視

莽原瀚海、農耕牧放、神佛生民——在以
眾生為依的佛教藝術中，藏族生活以其
雄渾壯闊引人入勝；在個人繪畫與藝術
生命中，眾生為藝得琉麗的意象，成為
創造的個體穿透歷史的載幕，連較古今且
微的載體。在宗教與生活、寫實與前
衛、傳統與西方互爭高下的現代西藏繪
畫與攝影中，西藏本土和外來藝術家透
過微觀與巨視的碰撞，在油彩與鏡頭中
召喚出一個別具生氣的西藏。

善取不如善捨

西藏藝術生活三十年紀

2003年的10月，我過了兩次生日。一次是10月28日，五十五年前的這一天，慈母把我帶到人世間；一次是10月30日，三十年前的這一天，命運之舟將我載到了西藏高原。雖然家中同一輩分的所有成員，都自覺以九十二歲的家母為榜樣，從不真的過什麼生日。但十月裡的這兩個日子，我是記得很牢的。由此可見西藏對我的人生與藝術的重要。

↓韓書力　福田
布面重彩
80×120cm

我走進西藏至今已整整三十年了，一個漢族人為了所謂的藝術，心甘情願地在雪域高原奮鬥三十載春秋，在今天聰慧而又實際的人們看來，簡直像是天方夜譚。遙想當年，內地一批批熱血青年抱定他們的理想與信念，義無反顧地奔赴邊陲之地，與當地的藏族父老鄉親融合成一片，與悠久神奇的藏文化疊印為一體，此舉本身至少在理想主義者的心目中具有永遠的積極與悲壯。

請允許我在這樣的時空背景下回顧自己這三十年來的從藝歷程。二十一年前讓我在畫壇初露頭角的，是我在中央美院研究班的畢業創作〈邦錦美朵〉，儘管這套先後獲得過國際特別獎和全國六屆美展金質獎的作品為我帶來榮譽，但隨著時間的推移，我平心靜氣地自我評價它為「形式手法推敲過多而

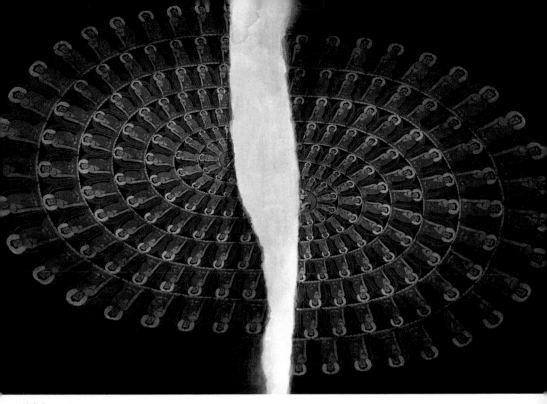

自我意識不夠」。讀者若能夠縱觀我以後相繼展現出來的布面重彩畫和黑地宣紙水墨畫，便可認同這評語絕非謙詞。

　　1986年以後，我在海外，尤其是在歐洲頻頻展覽的作品都是布面重彩畫，從內容表現到手法技巧，這些作品一望而知多囿於西藏傳統題材的範疇，繁密整練的勾染、富麗輝燦的色調、移花接木的構成、富於裝飾性與神祕感的東方韻致，令巴黎薔薇十字文化沙龍接二連三地邀我辦展。所幸我並未就此止步，與其說我不滿足於這種掌聲與讚美，不如說我並不滿足於只是被動地對傳統藝術刪繁就簡式地延伸與複製。上世紀90年代初，我大約有兩三年的時間擲筆罷畫，僅毫無目的地在西藏的聖山神湖之間踽踽獨行，做著自在散淡的心靈之旅。後來，當被問及雲遊歷練的心得，竟也能答出「善取不如善捨」。

　　果然，我在後來的創作中大行減法，一再是捨、捨、捨，然而也正是在這些捨去的空間裡，才漸漸浮現出我的意識與面貌，如那時創作出的〈祝願吉祥〉、〈香格里拉〉、〈空門〉、〈佛界〉、〈手足〉等等。誠然，

↖韓書力　新五佛五
智──不染智
布面重彩
60×73cm

↑韓書力　新五佛五
智──中庸智
布面重彩
60×73cm

↗韓書力　新五佛五
智──虛懷智
布面重彩
60×73cm

這些作品仍舊脫胎於西藏藝術，仍能感覺到與西藏文化的某些關聯，但這
又是他人（包括古人）筆下所無且具有創作與創新意義的繪畫。有人評論
這批作品時曾說道：「當我們仔細觀察韓書力近年間圍繞佛教文化載體畫
出的一系列充溢著禪機思辨、平和簡約和近乎唯美傾向的作品時，便不難
在心靈層面去接近他，進而感受和認同他的終極關懷、他的創作旨向，那
就是古遠的部族文明、宗教文明與現代文明所撞擊出的火花，是牢固的佛
教意念與絢麗多姿的現實生活相剋相隨的人文景觀。」雖說讚揚總是受歡
迎的，但我確實以為這是正中下懷的知己之論。

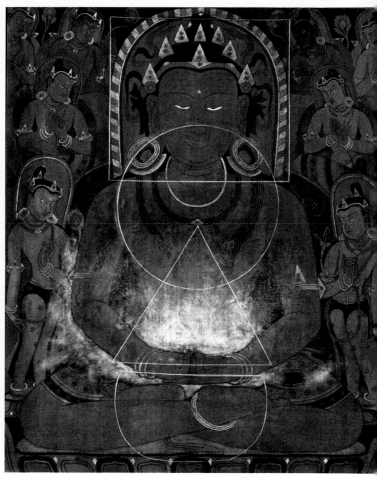

　　從小浸淫於琉璃廠文化街墨韻書香的我、中西繪畫童子功都較為紮實的我、追隨前輩知名畫家吳作人多年的我，自認為對中國水墨畫的理解與摯愛日久年深，雖身處異族異鄉，又以所謂「新唐卡」闖蕩天下，但宣紙水墨的情結絕難割捨。前70、80年代，我每次出差返藏都是手提雞蛋與青菜之類的進口貨，而90年代以來我每次返藏大都隨身手提若干瓶上好墨汁，因為郵局不給寄而拉薩又不進貨，只好如此敬業愛藝。只是美國九一一事件後，我要受臂膀和口舌雙重之累，民航才勉強讓我登機。總之，我願將宣紙水墨當作修身養性的日課，當作心血來潮時流暢無礙的宣洩途徑，也當作完成一幅細密布畫後的喘息和放鬆。

　　1998年以前，我從不展覽自己的水墨作品，因自知我的水墨仍然籠罩在吳作人的巨大陰影之下，沒什麼價值。只是後來由於收藏者求畫者漸多的情勢所迫，才逐漸實驗探索出所謂的「韓氏墨畫」。當然這種貌似突兀的繪畫風格的形成也不是無心插柳，毋庸置疑，西藏密教黑地唐卡、壁畫乃至藏族老鄉家的灶房圖案畫，都曾經給予我寶貴的啟發。平心而論，這種黑地水墨畫真正有意義的藝術成分，是或多或少地將漢地文人繪畫中的筆情墨趣與作品中洋溢的邊塞情懷，予以某種程度的浸漫融合，從而能夠讓人眼睛一亮，也讓我嘗到自立門戶的愉快與自信。

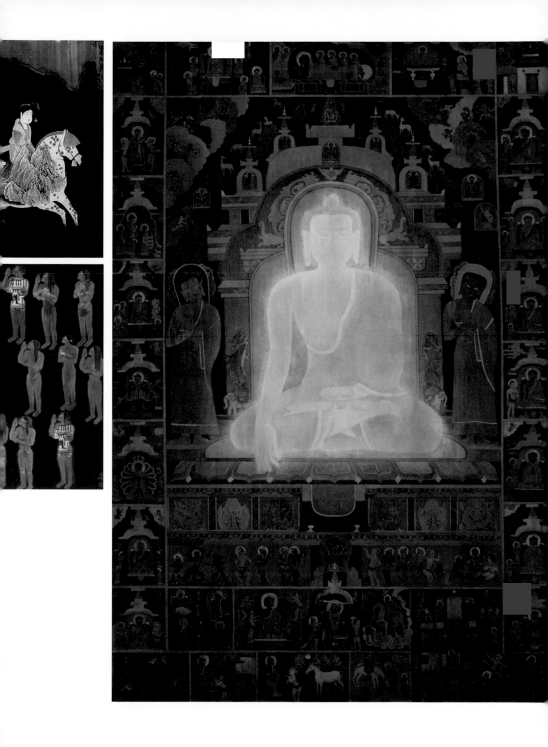

格桑次仁的精神家園「堆巴」

「堆巴」是藏話，意指日喀則以西的廣闊村野之地。這片呈赭黃色荒寒而貧瘠的土地似乎只產風沙紅柳和矮矮的青稞。然而，正是這片為內地人不敢恭維的水土，不僅養一方人，還養了一方文化。

以筆者有限的見聞，近五十來年，西藏文化界知名人士中大概竟有1/3是從那片高天厚土上走出來的，這其中便有享譽海內外的著名歌唱家才旦卓瑪女士為代表的一批藏族舞蹈家、音樂家、民俗學家、畫家、曲藝家等。這裡要介紹一位同樣是從日喀則走出來的藏族中年油畫家——格桑次仁。

原本和西藏本土繪畫藝術不搭界的油畫，是不折不扣的舶來品。它傳入西藏，並引起藏族同胞的喜歡與學習借鑑的歷史，也不過是半個多世紀

↙格桑次仁
童僧
油彩畫布

↗格桑次仁
喂！你們早
油彩畫布

的樣子。在西藏，這個「年輕」畫種的接納者與傳播者首先是年輕的藏族美術家。如果說生於1948年、以畫風景見長的次仁多吉算是第一代本土油畫家的話，那1958年生的格桑次仁自然也就屬於第二代本土油畫家了。

　　格桑次仁生長於日喀則市的舊城區（1958年全市人口不過三萬人），這兒距董希文上世紀50年代寫生過的日喀則人民市場不遠，但儼然是日喀則的真正中心，每日熙熙攘攘，熱鬧非常，趕驢進城的憨厚農民、叫賣雜貨的精明攤販、尋幽獵奇的旅行者、進香還願的朝拜者、選購經書與日用雜物的扎寺僧人和靠曬太陽打發時日的垂暮老人均匯聚於此。這裡有如拉薩的八廓街，不到天黑以後是靜不下來的。這種特殊的環境便是格桑次仁

格桑次仁的精神家園「堆巴」

↗格桑次仁
　趕集
　油彩畫布

←格桑次仁
　有陽光的角落
　油彩畫布
　1998

成長的搖籃。雖然那時的他與同齡人一樣幻想很多，只是沒想到將來會當畫家。若干年後，那林林總總「百類歡怒」有形有色的物質世界，時隱時現地展示在畫家格桑次仁面前，他沒有從中選取似乎更有看頭的喇嘛的絳紅色與寺廟的藍天金頂，而是從弱水三千中執拗地舀了一杓混合著牛糞煙火與淡鹽清茶味道的「堆巴」水。

　　1974年以後，格桑次仁來到拉薩，就讀西藏大學的前身西藏師範學院美術專業。那也是西藏學院式美術教育的初創階段，師資基本上是內地援藏人士。我記得以後相繼出了名的畫家胡項成、王曉明等均曾在此擔任過

↖格桑次仁
路遇
油彩畫布
1992

教職。那時師生關係的鈕帶只是對藝術的愛好與鑽研,是真正意義上的教學相長,不像如今的杏林充斥銅臭味,教育腐敗令社會頭疼不已。應該說格桑次仁到了這座乾打壘鐵皮頂的西藏最高學府裡,才逐漸知道油畫為何物,才見到素描炭條與平頭畫筆,才知道油畫需用松節油而不是用水來調。

　　與拉薩人相比,日喀則人學習鑽研的勁頭更值得稱道。格桑次仁繼承了「少說、多學、多做」的傳統,所以學業精進。師大畢業後回到日喀則從事美術教育工作,好像還是當時全地區唯一美術院校專業畢業的頂尖教師呢。在後藏偌大的觀察與表現視野中,格桑次仁初衷不改,仍一心一意

↗格桑次仁
村姑
油彩畫布

地關注農村與農民。這期間他不聲不響地畫出了一批寫實風格的油畫作品，如〈歲月〉、〈老井〉、〈有狗的風景〉。

1986和1992年，他又有機會赴天津美院和法國巴黎國際藝術城進修深造。毫無疑問，這樣的機遇對於一個藏族油畫家該有何等的珍貴。然而，當異鄉異域的新鮮感，也包括別人看他這個藏族畫家的新鮮感退卻之後，就得認真思索：路該如何走？該學些什麼？回去該畫什麼？該怎麼畫？最終，出山留洋鍍金回藏的格桑次仁是以一批新作較好地回答了上述的幾個問號。他並未移動自己的興趣座標，而仍舊將關注點與畫筆瞄準那片養育了他的普普通通的「堆巴」父老鄉親。只是在畫風與技巧上略作調整，引進了一點秀拉、畢沙羅和莫內，但畫面的基本情調還是朔風勁吹的後藏村野，還是駝鈴與犬吠交織的凡響，如〈路遇〉、〈村姑〉、〈趕集〉等，應該視作畫家思索與探索的階段性之成果。這些作品既非簡單地延伸以往，又非盲從地追摹大師，但又似乎是兩個側影都有，不過筆者以為最實在的影子，還是畫家自己那種不變的「堆巴」情愫。

來自雪域的彩練

李可染基金會經過多年的觀察與判斷，最終邀請了西藏當代布面重彩繪畫「雪域彩練」到北京、上海、廣東三地美術館作巡迴展覽，連同畫冊發行及藝術研討活動，算得上是西藏文藝界2004年的一件有聲有色的大事了。

近二十年來，內地人畫西藏，海外人畫西藏，西藏人畫西藏，似已蔚然成風。表現西藏內容、西藏情結乃至西藏符號的形形色色的美術作品，幾乎充斥於所有的藝術展覽空間。總之，做為地理版圖上的邊地一隅和做為文化版圖上的邊緣一旅，交了時代運的西藏，好像從未如此風光過。在二十年前如果說起西藏，幾乎所有的外界人都會得出神祕與荒寒的印象，那麼改革開放後的今日，愈來愈多的人們會逐漸認同西藏是一處獨一無二的自然極地與人文地域。其無與倫比的山川大美、悠遠豐饒的文化寶藏、質樸純然的民情風俗，幾乎人盡皆知，又一切盡在不言之中。

↑德珍　少男少女
布面重彩
40×52cm

→德珍　他們還好嗎
布面重彩
40×52cm

正是這片高天厚土孕育了西藏人，啟蒙了西藏人文，也包括古往今來的西藏繪畫。在西藏，可以千真萬確地說：「一方水土養一方畫」。從傳統的布畫「唐卡」，到現代的布畫——我們稱之為「布面重彩畫」，都無例外地領受著西藏天地靈氣的滋養與呵護。

　　現代布面重彩在西藏是一個十分年輕的畫種，屈指算來僅僅二十出頭的年華，但她的創生與成長卻緣起有因。

　　自然與文化背景的高古曠遠毋庸置疑，西藏封閉的地理構造和山川屏障，強烈地影響了西藏民族思維的構架，兩者之間有驚人的相似，也就是封閉性、起伏性、突發性。這種嚴峻的自然環境，培養了這個民族正直勇敢、豪邁強悍、不畏艱險的頑強性格，又使他們具有一種與生俱來的生命意識，即對生命的高度崇拜、極為熱忱和視死如生的大無畏。也許神祕莫測的自然環境，還助長了西藏人的宗教意識和熱情，甚至滲透到社會生活的多個領域和人們的心靈深處⋯⋯，使人覺得宗教與非宗教、神話與現實只有微弱的差別。這樣一種歷史與社會氛圍下產生的藝術，不論是那些氣勢恢弘的寺院建築、那些古樸怪異的人神面具、那些原始奔放的民間歌舞、那些莊重生動的銅雕泥塑、那些絢麗輝煌的壁畫，還是那些典雅精妙的唐卡，無不充溢著人們對宇宙和生命的形而上思考，充溢著對生命的崇高熱情和把握生命方式的堅定信念。對於藏傳佛教藝術，我們曾久久地為之傾倒、為之迷醉，進而走進她的博大精深，辨識她的來龍去脈，從繼承與弘揚民族藝術傳統的角度，從零開始，追問其「融入自然、貼近生活」的方法和智慧，追究其生生不息的奧祕所在，如一滴晨露，不知不覺中凝為創生「布面重彩畫」的起點。

　　同其他西藏民間藝術一樣，西藏傳統繪畫是一個嚴密封閉的體系。雖然已逾百年的藏學研究對此多有矚目，卻僅限於宗教圖像學的闡釋，以神

祕註解神祕，並未越出神學的範疇。而接觸實際的美學研究，釐清脈絡的史學著述則基本處於空白，單是資料的凌亂與匱乏，已令有志者茫然無措。上世紀80年代初，有那麼幾位西藏中青年畫家突發奇想，要向這幽冥玄祕的藝術殿堂探尋究竟，並以可愛的膽大和勤快「臨時抱佛腳」，踏上了漫漫的文化藝術苦旅，對散見於廣闊地域的

古代藝術遺存及日常生活中的民間藝術行為和樣式，做深入的探訪和匯集整理工作；在獲取豐富的圖文資料基礎上，做西藏藝術源流軌跡的梳理和審美辨析，較好地填補了上述空白，讓西藏古典的和民間的藝術精品自己說話，昭示其精妙所在，以存標本，以資借鑑。1985年在北京推出了「西藏民間雕刻藝術展」，1991年《西藏藝術》（三卷本）由上海人民美術出版社出版，1995年《西藏藝術集萃》由台灣藝術家出版社面世。與此同時，還有相關的一系列田野考察成果誕生。他們的研究方法是以畫家的直觀審美判斷做先導，運用敏銳的心靈感應，去提取西藏藝術的原汁原味，盡可能真切地再

↑余友心　空谷飛鴻
　布面重彩
　90×112cm

↗余友心　欽馬天涯
　紙本重彩
　64×64cm

↖翟躍飛　儀式
　布面重彩
　175×85cm

←邊巴　遠古的風景
　布面重彩
　100×115cm

現其原生狀態，並輔之以佛教史、編年史的對照研究，以期悟取西藏傳統藝術的精髓。伴隨這一過程漸入佳境的是布面重彩畫的發軔及創作的持續繁榮。無疑，這是那些西藏畫家曾經盡享的精神大餐，天然的、歷史存留的藝術營養成分的豐富與文化淵源的迥異，促成了當代西藏布面重彩畫的獨特藝術面貌。這是一群對傳統及現代均有所了解與思考的畫家。他們對東西方文化的交流融合不存心理障礙，在古典與現代、本土與外界之間起著承前啟後、相互溝通的作用。不拒斥外來的現代激進，不鄙賤傳統藝人及其藝術的保守，植根民族藝術的沃土作雙向吸收和融會貫通，進而造就個性化的具有西藏特色的新的繪畫風範與樣式，是這類西藏畫家們的普遍共識和孜孜追求的美學理想。

　　當然，在中國當代美術的大棋盤上，西藏繪畫還只是偏居一隅的邊緣異流而已。儘管如此，西藏當代繪畫為什麼能夠在邊緣狀態下發展並取得一定的成績呢？原因可能恰恰得益於這種邊緣特有的條件，使它不需為擠進主流而盲目趨同，浪費精力。西藏當代布面重彩畫家群就是明顯的例證。這是一支以藏族為主體的、多民族團結無間的、總體上又相對十分年輕的創作隊伍，天然地具備朝氣蓬勃的稟性。他們的優勢在於能以現代藝術觀念的高度自覺，分析研究民族藝術遺產，又具備去粗取精、去偽存

↖巴瑪扎西　農妝
布面重彩
94×83cm

↑巴瑪扎西　燃燈節
布面重彩
120×200cm

真的能力。這些畫家不分民族地長期共生共存在雪域高原，心理、性情及至思維習慣都深受西藏精神的濡染與淨化。在這裡，就人與自然與浩瀚的歷史文化的關係而言，畫家又酷似朝聖者。他們是特殊的一群，向層層疊疊皎浩聖潔的冰雪山川、向聖山神湖頂禮膜拜，對豐富多采的當代世象投入極大的關切，在未知世界裡凝望沉思。他們是以生命的投入去體驗人生的終極意義，去做大於藝術範疇的追尋與探索。就是因為有這樣一股勇氣，他們藝術靈魂的根性及藝術風格的樣式也就自然而然地確定了。

　　雖然，與他們文化苦旅差不多是同時而起的「八五」新潮，曾經狂熱地席捲大陸，蔓上高原，令相當一批西藏畫家神魂顛倒，並在不太長的時間之後，紛紛捲入大海，漂向海外他鄉。時至今日，不必再計較當時的得失曲直。而堅守布面重彩的西藏畫家們反而逆向舉步，對瑰偉奇絕的西藏自然，對源遠流長的民族民間文藝遺產作長久的一往情深的擁抱與探究，如同教徒拜伏於佛祖尊前，沐浴在無量光明之下，成長於無限慈愛之中。西藏當代布面重彩繪畫與眾不同的品格中，洋溢著濃厚的青稞酒香和綿長的酥油茶香。他們並不因為鄉土本色而自慚；相反地，始終在為人類文化多樣性不太樂觀的前景而堅守著、努力著，義無反顧。

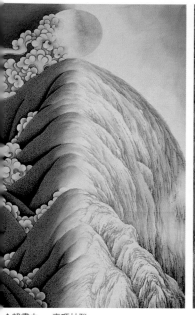

↑韓書力　喜瑪拉雅
布面重彩
64×97cm

↗及卜・李知寶
淨土吉日
布面岩彩
117×90cm

　　如此，西藏當代布面重彩繪畫就有如一縷五色祥雲，冉冉升起在浩渺
荒寒的極地之巔，當可視作西藏畫家心靈的虹化和審美亮光的物化，自然
清閒，又略顯西藏獨有的神乎其神。你正視她也罷，輕視她也罷。

　　受邀參加「雪域彩練」畫展的畫家中，巴瑪扎西、計美赤列和邊巴，
是現代化的藏族本土畫家，他們的畫風個性鮮明，是脫離了神本位之後，
人本精神在繪畫藝術中的恣意張揚；德珍和次仁朗杰屬藏族新生代畫家，
求新求變銳不可當；李知寶是在西藏成長並成熟的瑤族畫家，經歷了從
新文人畫向西藏傳統畫風的借鑑與蛻變直至材質手法上的大膽變幻的創作
流程；翟躍飛曾經放情於西藏的前衛藝術，當他離開西藏後反而有了回歸
藏風的傾向；余友心等則是很西藏化的漢族畫家。他們長期浸淫於藏文化
的汪洋之中，與高原的山川大地、神佛生民朝夕相伴，如醉如痴，已把他
鄉視作故鄉。

　　總之，這些畫家們以各自的生活和創作方式同西藏結下不解之緣——
因緣所生大法造就了各個特殊的藝術靈魂，繼而在特殊的情境中生成各自
的藝術面貌。因而也就有可能成為西藏當代文化多樣性與建設性的某種標
誌。

藏族民間畫師旺加和他的夥伴

2003年5月初,「非典」肆虐神州大地,敢來西藏公幹或旅遊人士寥寥無幾。說來也怪,西藏手工業管理局卻恰恰於此時在拉薩舉行「第二屆全區旅遊產品博覽會」,可以想見,前往參觀購物者相當有限。

筆者做為該博覽會評委之一,在閉幕前一天才戴著大口罩,冒著濃烈的消毒水氣味前去給入圍展品打分評獎,從一百多件展品中遴選出了十七件金、銀、銅獎。金獎是藏紙製品,也還不錯。但也許是惺惺相惜,我們三位美術評委更傾心於獲得銀獎的藏密唐卡〈德欽醒貴〉,幾乎是毫無商量地一致為之擊節讚嘆。儘管用文字來形容一幅畫總顯得彆腳,但對於這幅畫作我腦海中還是立刻翻騰出一些詞彙:氣勢宏富、精美絕倫、輝燦整練。如果這些詞彙仍令人不得要領,那只有列舉一例,如畫面上薩迦五祖的頭像僅有綠豆大小,但作者卻只憑游絲單線徒手勾勒一次成形,且各祖形神畢現,絕不混淆,令人嘆觀。

↑筆者夜訪旺加(左)
時合照 (邊巴攝影)

至於這位相見恨晚的民間畫家,尊姓大名所居何處?粗枝大葉的送展單位竟無可奉告。又問了一圈人才得知:「也許是薩迦縣的。」範圍總算是縮小到後藏偌大地域的一個縣。筆者只好電話求助日喀則地區負責官員

↑↑蓮花生大師及其二
十五位大弟子勝跡
（尚未完成）
↑壁畫中的人物造形
和重點部位的繪製
非旺加莫屬

翟向東，請其協助查詢。一個月後查詢結果傳來：「旺
加，男，三十六歲，薩迦縣薩迦鎮帕措村農民。曾向札
什倫布寺阿頓畫師學藝兩年，返鄉後以畫唐卡兼務農為
生，由於刻苦加之悟性較高，畫藝精進，其所繪唐卡為
當地僧俗各界所收藏。」

2003年8月筆者因公有第六十九次後藏行，特意彎
到薩迦，按圖索驥訪問到旺加。他給筆者的第一印象是
既有農民的純樸，又有鄉山秀才的謙恭。那時他正忙著
繪製某寺院的唐卡訂件，我不好意思多佔他時間，只相
互留了電話號碼，就匆匆告辭了。

2004年2月下旬是後藏新年，筆者一行為觀賞有名
的薩迦神舞，再次來到薩迦，並且索性住到旺加的家
裡，從而可以零距離地了解一位民間畫師的生活與工
作。要不是晚上起夜，我真不敢相信，旺加的作品幾乎全是靠每晚十點至
凌晨兩三點這段時間繪製的，並且就是靠著微弱的應急燈做為光源。當
然，做為農民，做為民間畫師，做為一個農家之主，他除此也別無選擇。

↑出自於旺加（右）和
旺拉之手的粉稿

↗粉稿一頁。右為加央
洛桑，左為高僧。

　　最近，筆者有幸七十一次後藏行，在日喀則，旺加的外甥，青年畫家拉巴次仁說他舅舅正帶著幾個徒弟在扎西崗鄉的烏堅拉康（意為頂端佛堂）繪製壁畫。受到這個消息的誘惑，筆者攜邊巴、拉巴次仁兩位三顧茅廬地奔赴170公里外海拔高度4200公尺的扎西崗鄉。

　　雖說旺加與筆者相識已整整一年了，但見面時他還是顯得有些拘謹，當然這也只是表面現象。眼前他親手繪製中的數十公尺〈蓮花生大師及其二十五位大弟子勝跡〉的整鋪壁畫，和在他指導下同時並舉的東北兩壁的壁畫，令他們的宗教信仰熱情得到極大滿足，令他們的個性與才智得到充分發揮，令略顯昏暗的佛堂蓬蓽生輝，當然也會令他們的荷包鼓起一些。毫無疑問，我們是在他們最為幸福的時刻來到他們中間，並能分享到這種幸福的人。當我們意識到這一點時，筆者決定不失時機地就地採訪這個民間繪畫小群體的每位成員。

　　首先請出了拉巴登珠，這個小伙子二十二歲，他是薩迦縣夏嘎人，日喀則地區高級中學畢業，已婚。2000年開始拜旺加為師學畫至今。從他那副以耳朵作筆架、以褲腿當調色盤的有趣模樣，也能讓人分明感受得到這些民間畫家的某種自得。

　　問：「在鄉村只靠畫畫的收入，您能養家糊口嗎？」答：「還可以吧，只是不穩定。所以除了跟著老師們畫唐卡畫壁畫外，鄉親們新居的門戶，新打的箱櫃花紋裝飾我都是有求必應。反正都是練手，都是賺錢嘛。」問：「做為一個高中畢業生，您畫畫的目的與其他師兄弟有沒有不同之處？」答：「應該講也沒什麼不同，高中生已是過去的事，眼下我只是個農民。學畫、畫畫對我首先是解決生活出路問題，我當然不甘心一輩子當農民，但我必須盡快將老師們的本事學到手，我甚至還想到將來要豐

富它、發展它，直到自立門戶自成自派吶。當然，就我目前的水平，要達到自己設想的目標還有很長的路要走，但我會一步步接近這個目標。」

第二位叫邊巴拉窮，男，二十九歲，薩迦鎮人，已婚，自幼喜歡塗鴉。1999年拜旺加和旺拉老師學畫至今。

問：「您學畫也是要先解決生活問題嗎？」答：「那當然，因為我們畢竟是山溝裡的人，沒有地方為我們發工資。不過透過向老師學到的這點手藝，一年裡除了收割季節外，其餘三季的畫畫收入還是比當農民時強些，所以家裡也很支持我幹這行。」問：「生活問題解決了，那在畫畫上您還有沒有其他想法？」答：「我就是想提高技藝，就是想有一天也能像老師那樣，可以接受各種各樣的點題活計。當然果真到那時，自己的收入也會更多，全家的生活或許也會像城裡人那麼美。」

第三位叫旺拉，男，三十八歲，薩迦鎮薩林村人，十幾年前與旺加同為札什倫布寺阿頓畫師的高足，現為這個繪畫群體的副領班。

問：「和家鄉人比較，您有沒有一點鶴立雞群的感覺？比如在精神生活上和經濟收入上。」答：「我倒是沒有那麼好的感覺，因為終歸是算有

了門手藝，加上影響慢慢擴散出去，四鄉八寨的訂件老是應接不暇，和左鄰右舍比就算有了一點積蓄，也是手藝加上辛苦換來的。」問：「除了收入不錯，您們的工作還有自身信仰等諸多方面的意義，您願意談談這方面的事情嗎？」答：「雖說我們這些人都是識字不多的農民，但我們卻能用手中的畫筆將我們民族的歷史記載下來，把毀壞的壁畫、唐卡恢復如初，還能多少添進一些今天的人們喜歡的圖像啦、符號啦。剛剛您說的那種感覺我和我的夥伴也許沒有，但說我們大家有著共同的光榮感卻是真的。」問：「您能具體說說這種光榮感嗎？」答：「您看，我們的畫就供奉在拉康殿堂裡，一年到頭要接受數不清的本地人、外地人，甚至外國人的朝拜禮讚。做為一個藏族人，能有地方畫佛、

↑傳統顏料與錄音機，酥油茶和百事可樂，大概都是這些民間畫家們的必需品了。

→旺加和他的夥伴們合照於烏堅拉康木雕殿門前

展佛、供佛，不正是既積德又掙錢的大好事嘛！」問：「至今為止，您們這個小組共完成了多少座寺院或拉康的壁畫繪製？」答：「我與旺加合作十三、四年了，薩迦及四周的十幾座寺院拉康的新壁畫或復原壁畫，差不多都被我們承包下來了，既為家鄉父老做了貢獻，也為個人的今生和來世積了一筆財富。」問：「通常您們一天工作多久？」答：「從早九點到晚九點吧，反正直到天黑看不清才收工，當然得刨去午飯喝茶的一個鐘頭。」問：「確實是很辛苦。那您除了日喀則，還去過哪些地方？」答：「我二十一歲時還去過一次拉薩，還去過昂仁、謝通門兩個縣。過去總想到處走走看看，可口袋裡沒有錢，現時是有了餘錢又實在分不出時間。去年一個尼泊爾人訂了幾張唐卡，本想就著送畫的機會到大山那邊看看去，聽說那邊也有不少寺廟，可到底還是走不開。」

第四位叫尼瑪，男，三十四歲，扎西崗人，已婚，有一雙女兒，向旺加學畫近十年，因為農活和家務所累，畫技進步不快。曾到樟木口岸和拉薩闖蕩過，為雇主們畫退休房裝飾畫。至今尚不能畫佛像，仍是為師父打下手，好在每日也能賺到十五至二十元人民幣，度日無虞。

問：「尼瑪啦，您這個年齡可要加把勁把繪畫基礎打牢啊，不然一輩子走路都是搖搖晃晃，更不能獨當一面嘍，您說是不是這個理？」答：「我也知道這個道理，可我家人口多，負擔重，不可能一門心思光想著畫畫的事，家裡地裡的活一點也少不了，只能在秋收前冬藏後這幾段時間裡跟著大夥畫畫，眼看著別人都在進步，可我乾著急沒辦法。」

第五位叫小尼瑪，男，二十九歲，已婚並有一雙兒女，薩迦縣麻布鄉人，追隨旺加學畫前後達十年。

問：「聽說您十八歲就拜師求藝，是因為喜歡這一個行當，還是想改變自己的農民身分？」答：「也許是都有，不過我現在還是個學畫的農民，因為一年裡全家人的生活來源僅靠我出來畫畫是不夠的，當然畫畫好歹也算是份手藝吧。」問：「您說得對，漢族有句俗語：賤年餓不死手藝人。但您現在是否可以獨自完成一幅畫？」答：「現在還不能，特別是主尊佛，我還得依靠師父的修修改改。但我一直都在努力，我想我會有頂門立戶的那一天的。」

第六位叫強巴措陳，男，三十七歲，僧人，現任烏堅拉康民管小組主任。身著袈裟，臉架平光眼鏡，左手握著手機，殿裡院外總是一副忙碌的樣子。

↑工作中的旺加

→旺加
極樂廣聚圖（局部）
唐卡　2002至2003

↖姜振慶
　秋水長天
　攝影

↙姜振慶
　長河落日
　攝影

↗姜振慶
　正午的沙灘
　攝影

　　筆者以為，在第二階段的幾年中，姜振慶的攝影鏡頭開始游離於那些當初常常讓其感動不已的畫面，這首先表現在他不再對異族異地的「漂亮」和「一驚一詫」的鏡頭興趣盎然。他的人生閱歷，加之對西藏有些時日的解讀與思索，使得他常常下意識地以藏域的一員或是藏胞的朋友來審讀雪域高原的大千萬物，來表述藏胞「脖子下的實感與實話」。縱觀姜振慶這一階段的攝影作品，我們不難感受到他已逐步趨向於用素然平實的語彙來解析西藏的神祕，來表現西藏的遼遠與壯麗。

莽原瀚海一左良

左良兄長筆者四歲，陝西長安人，在甘肅當過兵，轉業於青海文聯工作至今。可謂是一輩子在黃土高原和青藏高原上打轉轉，一輩子沒有也沒想離開過尚待開發的中國大西北。

2005年夏天，左良來信告知他已從青海省美協主席的職務上解脫出來，正式退休了。可不是，我自己都已是邁入五十六歲的老朽之列了。與左良相識於1982年，平素交往也不多，1988年他來過一趟西藏，而我至今還未曾去過西寧呢！但做為同一地域板塊的同行，對於青海美術，對於左兄的情況，筆者還是關注的。

在內地人，尤其是得各種風氣之先的沿海省市人士心目中，西部是落後的，西

↗左良　高原風
　木刻　1984-1986

↙左良　春融融
　彩墨　1984

部人是木訥的，至少從表象上看去這種印象大致不差。具體到左良兄，同
為西部人的我也會不禁然地想到西部的犛牛、駱駝的形象，進而又想到孔
夫子那句「剛毅木訥近仁」的老話。

　　在人世輪迴的舞台上，每個過客都在主動與被動地扮演著因自身天
賦、個性際遇和社會責任感的差異，而由上蒼所派定的角色，左良兄則是
數十年來心甘情願地扮演著為他人做嫁衣的角色，扮演著美術圈裡的犛牛
與駱駝。其全身心投入，其舉輕若重，其宵衣旰食，真是無人可以比肩。

　　做為畫家，左良始終在版畫和水墨畫的園地裡默默地耕作著、收穫
著；做為一省美協主席，二十多年間，雖說總會有一些機遇，但左良從未
給自己辦過一次畫展、出過一本畫冊；做為社會轉型期的知識份子，左良
甘守著一份工資，夫唱婦隨、量入為出地過著平靜和諧的日子。筆者以為
他沒有白娶藏女為妻，因為這位藏族女婿是真的讀懂了那句藏族諺語：
「當一個人懂得知足時，他才算是富有。」所以他壓根就沒想大紅大紫、

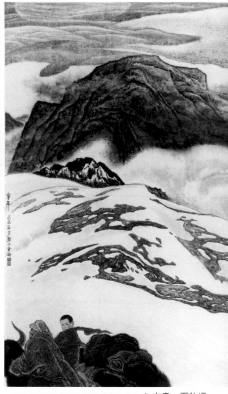

↖左良　夏牧場
　木刻　　1988

↑左良　童年
　彩墨　　1989

↗左良　互古莽原
　彩墨　　2001

大富大貴和自己有什麼關聯。美協主席的帽子
對於他，只是使其戰戰兢兢、事必躬親的緊箍
咒而已。所以左良在寄給我的信中才會筆調凝
重地坦言道：「我終於卸下了這副勉為其難地
挑了二十多年的擔子，如釋重負，頓覺輕鬆。
現在回首往事，甚至覺得可怕！我怎麼就將這
只奉獻服務、只燃燒自己的苦差事，竟然幹了
二十多年！若再做一屆，非得『盡瘁』於此不
可。陝西美協的（祕書長）安正中兄，活生生的前車之鑑。弟在青海美協
的狀況，您大致知曉，二十年間，從來沒有得力幫手，凡事無巨細均必躬
親，大到全國美展的事項，小到電文稿的擬發，個中甘苦冷暖唯有自知。
待將一切安排就緒，幾近精疲力竭時，才輪到考慮自己的創作，所以每次
都是匆匆急就，很難盡心盡意。更有不少構思泡湯流產，時過境遷，激情
不再，唯有留下遺憾……。」這種遺憾，筆者以為每個從事協會工作的
人，都會程度不同地擁有著。所以，左良兄的這段內心獨白亦是美協工作
人員的實話實說。

　　從整體上講，青海美術正是在左良兄主持的時段內才有了讓世人注目
的合力與張力，才漸次形成了一支以中青代為主體的西海畫派畫家群。如

今的成就與局面，筆者以為對其所嘆道的「遺憾」，終究是一個很大的補償。還是讓我們看看西部的畫家、沿海的電視工作者和北京的藝評家眼中的左良，筆端的左良吧！

在青海生活多年的油畫家朱乃正，了解青海，更了解左良的為人和其工作處境，所以十五年前就曾意味深長地為左良寫了「但求無愧於心而已」八個大字。也曾在青海工作多年的電視導演劉郎在〈西海左良〉一文中字斟句酌地寫道：「左良亦好遊歷，三十餘年來，中國西部少數民族地區，多所跋履。因繫於生活足跡，尤對青藏高原雪域一往情深，常迷舊夢，讀書行路，使其胸次漸闊，又每助創作昇華。」

拉薩春天的畫展

陽春三月，西藏大學藝術系舉辦1999屆畢業生八人彙報展。請柬設計別緻，一雙呈八字狀的年輕人的手上下框住畫展文字簡介，腕部以後畫家將其漸變為潔白的哈達，很令受柬者愉悅。

西藏大學藝術系成立二十年來，為西藏培養出一批批專業美術人才，如今他們絕大多數仍然默默地堅守在各地市縣的中小學美育課堂上。這次彙報展中八位畫家中的七位都是中小學美術教師。

↑西藏年輕藝術家合影，由左至右為其美多吉、扎西羅布、大次旦晉美、拉巴次仁、米瑪旺堆、貢嘎加措和索朗次仁。

↗拉巴次仁
兒時回憶
布面重彩
50×61cm

生於後藏文化重鎮薩迦縣的拉巴次仁，剛滿二十七歲，孩提時的他便喜歡塗塗畫畫，讀小學時，每年春天都要自紮自繪幾十個藏式風箏分送給夥伴們放飛，一片晴空不啻是他展示繪畫才華的巨大背景。考進藏大後，同班同學中有城鎮來的，有農村來的，有牧區來的，還有內地來的，新生水平高低不齊，系裡的課程也只好將就整體兼顧個別地安排。總之，四年下來似乎什麼都學到一些，又似乎什麼都不精通。畢業後他被分配回故鄉，在日喀則地區高中任美術教師。中學的美術課是副科，學校、學生都不重視，剛剛工作的拉巴次仁一下子失去了求學時對比與競爭的環境，令其很不適應。所幸的是他沒有從此在寬敞的校園裡過悠哉游哉的太平日子，而是選擇了上課教學、下課自學的奮鬥途徑，聽說還在讀函授碩士學業呢。工作六年來，拉巴次仁這種自加壓力的結果是讓自己的專業實實在在地提昇了一大截，同時也畫出了一批較有後藏情調的作品，本次送展的

作品中便不難看出其濃厚的薩迦鄉土情結，以及「薩迦牆和菜花羊」這兩個標誌性造形。

　　筆者無意將一個二十幾歲的藏族青年拔得多高，僅就藝術而言，顯然拉巴次仁今後的道路還很長，也不會很平坦；但做為一個當代青年人，能夠在藏邊一隅認真工作及創作，心少旁騖地繼續自己藝術之夢的本身，至少應給予他關注與好感。

　　二十四歲的扎西羅布，也是日喀則人，幾年前他的一幅土得掉渣的油畫〈薩迦婦女〉曾引起不少同行的注意，那時他還在地區文工團從事舞美工作，而文工團一年也排不了幾台節目，所以留給扎西羅布畫畫的時間很多。記得筆者每次赴日喀則出差都能見到他的新作。幾年前為了照顧母親生活，他調到拉薩群眾藝術報工作，這個單位性質與文工團差不多。扎西羅布仍一如既往地用功，幾年下來居然畫出了幾組系列作品，但又似乎都尚未找到準星，〈溫巴系列——永遠的自由心〉就是其表現浪跡天涯的藏戲藝人生活的作品。對此，他曾經寫道：「我畢業後一直在文藝單位搞舞

美工作，對本民族的音樂接觸頻繁，也算是環境影響吧，我在繪畫上的表現對象往往與藏族音樂舞蹈相關聯。在〈永遠的自由心〉裡我想以明快的色塊來畫溫巴形象，並讓其融入廣闊潔淨的空間，我想著力強調作品的節奏與旋律感，同時也試圖去表現『聽』畫的念頭。」

與拉巴次仁同藏的大次旦晉美，是八人中唯一的已婚者，其他的經歷則與拉巴次仁相似。他至今仍在堆龍德慶縣中學任美術教師。面對筆者採訪，大次旦晉美說：「畢業後，我就進入中學教師行列，但自己對繪畫的熱情從未減退過。在課餘時間，我不間斷地對自己的畫技畫風摸索和探尋，對自己的創作題材也在不斷地擴展與收攏。正是在繪畫實踐中，逐漸認識到自身的種種不足與缺憾，也正是在繪畫實踐中，逐漸地改變與完善。」

大次旦晉美認為：「我覺得畫家創作本身就該是一種創新，而不是重複自己和重複別人，對於某些題材當然允許你畫他畫大家畫，但在表現形式上、語言上乃至技法上最好不雷同。」

聽了他的這番表述，再行觀賞其近作，筆者以為這位願意在畫布上思索的畫家的創作成果，是值得祝賀的。尤其是〈夢之二〉這幅集突兀與自然於一體的作品，畫外工夫下得不夠是畫不出來的。

小次旦久美只比大次旦晉美小幾個月，但因在同一班級，即便小幾天也得分出個大中小來，不然生活中常會鬧出種種笑話與麻煩來。筆者有次隨西藏藝術團去澳洲訪演，由於洋人不知上述原由，海關總是要把團裡的

↖小次旦久美
　無雨的夜　油畫
　136×95cm

→貢嘎加措
　草原紀事
　布面重彩
　100×90cm

大巴桑、中巴桑、小巴桑三個同名男演員問個底朝天才予放行。

　　小次旦久美的父親格桑達杰曾任西藏音樂家協會主席，是筆者亦師亦友的同事，所以小次旦久美是我們看著長大的孩子，雖說如此，如今他已是拉薩師範附小的孩子頭了。平心而論，這個孩子頭的畫裡還真的是彌漫著種種童趣與夢幻般的童話感，這就讓人刮目相待了。這次他送展的油畫〈無雨的夜〉，曾入選全國第三屆油畫展，另外兼有卡通味道的大幅油畫〈家園〉，也滿有趣味的。

　　貢嘎加措1977年出生於山南地區貢嘎縣，藏大畢業後分在那曲（黑河）地區高級中學任美術教師。由於筆者較少闖入作家馬麗華的文化領地——羌塘草原，所以對這位年輕畫家並不熟悉，只記得他和幾位朋友曾來寒舍小晤過一次，藉由這次展覽才正式看到貢嘎加措的繪畫作品。初略一看，他很注重對畫面形式與結構美感的推敲，畫中的主角也總是變來變去的牧女與羊群，算是這個藏南小伙子對藏北草原文化符號的認同與推崇。應筆者要求，他以一小段文字表達其畫外之話：「我崇尚心靈至上的藝術，無時無刻不為生命中平凡而樸實的美所感動，我所有的作品就是心靈感動的過程記載。」

　　米瑪旺堆1978年生於拉薩，現任教於拉薩市實驗小學，這位畫家與筆

　　者同住一個城市，但往來不多，看到他作品的機會也不多。倒是他的學生們的繪畫成績，常令觀者連連叫絕。米瑪旺堆這次展出的〈人性之源〉和〈只羨鴛鴦不羨仙〉等作品，有若孩童目光從教室窄窄的窗戶觀想大千世界的美麗定格，有以當代青年身處紛繁俗界的複雜心緒，透過傳統壁畫載體表達對真善美的人生境界的由衷禮讚。

　　索朗次仁，1977年生於拉薩，藏大畢業後分到日喀則三中任教，後又調到那曲高中，不大的年紀便走了一個雪域腹地大三角。這位畫家，筆者認識得較早。索朗次仁在其同班同學中是公認的勤勉者，他的作品中有小孩講大人話辦大人事的荒誕與諧謔的成分，和近乎女性化細緻入微的工勾密染手法，給人留下較深的印象。偌大的後藏天地，深厚的後藏文化原本應成為日喀則青年畫家們縱橫馳騁的巨大平台，所以，筆者始終不理解索朗次仁離開後藏轉奔他鄉的人生選擇。就在構思這篇文章的當口，我接到他寄來的一篇內心獨白式的短函，摘錄一段如下：「現在的我，什麼都不

想談，只想回到以前，童年歲月多麼美、多麼好、多麼開心……。但現在，工作、生活、愛情、虛榮、金錢等等，似乎都在折磨著我。不過時間是不能倒轉的，我已經走到了現在，只能面對現實。好在自己決心已定，今後的日子裡，我當更為努力地繪畫來表現社會、生活，表達人世間的喜怒哀樂。我會用繪畫來充實自己今後的生命。」顯然，索朗次仁的這段獨白應該是解讀其近作〈錢乃身外之物〉、〈閃光的哈達〉的鑰匙。

本篇介紹的第八位畫家，其美多吉，二十六歲，也是日喀則人。日喀則真乃文化之鄉，自上世紀50年代至今活躍於西藏文化舞台的各類文藝人才，若細考察，大概3/5都與日喀則有某種淵源。其美多吉現在在拉薩市第三小學任教，從其參展的幾幅作品推想，這該是一位生活態度平和並且有著豐富的城鎮情結的年輕人。〈吉祥的家園〉、〈巷與屋〉裡，作者在畫面中所追求的單純靜穆、落雪無聲的和諧意境與簡括得近乎於平面裝飾的構成技法達到了很好的統一。在漢地有瑞雪兆豐年之說，在崇尚白色的雪域，晶瑩六出的雪花的文化與宗教內涵，恐怕值得寫一篇論文了。筆者喜歡其美多吉筆下的雪，因為它更為朦朧與迷茫，也就更助人遐思，這便是美、是詩了。

　　其美多吉強調「感受」與「物化」兩個詞彙，他說：「我自己在近十年的藝術學習與實踐中，學到這樣一個結論，那就是藝術的個性和氣質、藝術的風格和語彙、藝術的天分和符號都應『物化』於創作之中，才有意義。」筆者想，其美多吉的學生們不見得聽得懂這段學究氣甚重的話，但只要他自己真懂、真信、真用就算是真有意義了。

畫家・畫展・畫派

西藏自治區成立四十周年之際，新加坡藝溯廊2004年的「雪域彩練——西藏當代繪畫邀請展」，在北京、上海、廣州、深圳成功掀起「西藏畫派」旋風的基礎上，邀請其中九位畫家的近作匯展於獅城，實為一件很有意義的事情。

我們知道，上世紀中葉，中國畫家走進荒寒神祕的藏區采風寫生，並相繼創作出了一批批有著鮮明時代印痕和個人風格的力作。而那時，絕大多數藏族本土僧俗畫家仍是苦心孤詣地在唐卡壁畫上細勾密染著佛地天國的彼岸世界。由於受到宗教意念的影響與宗教造像經的約範，他們所從事的工作與其父輩乃至幾世紀前的同行鮮有不同。繪畫（包括雕刻）對於西藏藝術家來說，首先是一種信仰上的供奉，而後是一種謀生手段，再次才是個人旨趣才情有限度的顯露。

70年代以來，一大批在本地和祖國內地藝術院校畢業的藏族中青代畫家逐漸步入萬里雪域的廣闊舞台，他們以迥異於祖輩的全新視角與觀念、手法、材質，來表現新的生活和新的觀念，並以其獨到鮮明的民族地域特徵的佳作，連連在國內外美術大展中摘金奪銀，令世人矚目。

→余友心　高原天地闊
　水墨紙本
　68×68cm

↓韓書力、巴瑪扎西、
　邊巴、次仁朗杰
　西藏之春
　壁畫
　16×200cm

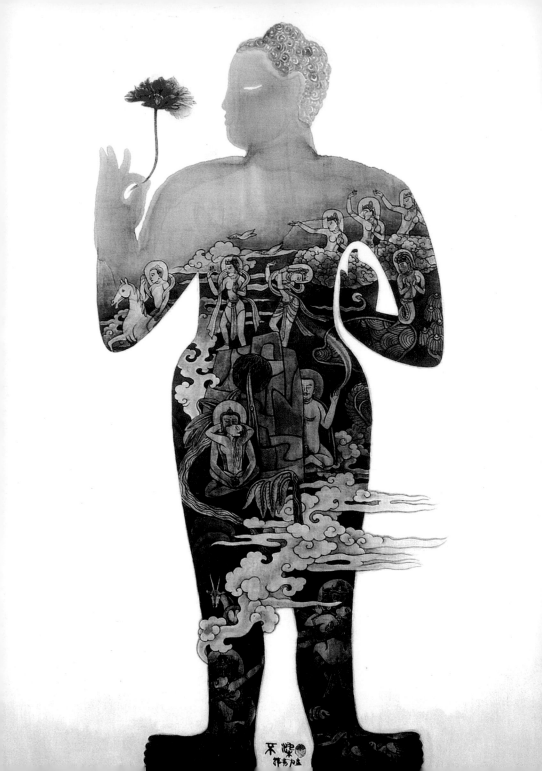

次仁朗杰
春的世象
布面重彩
20×50cm

韓書力　不染
布面重彩

此次畫展中的六位藏族畫家，平均年齡三十六歲，是半個世紀以來國家培養的藏族第三代美術人才中的代表。從他們的作品中，讀者既可以看到其對古老傳統藝術的承接與延伸，更可以感受到新社會勃勃生機的時代脈絡律動和審美多樣性的享受。

另外三位是來自於內地的畫家，他們自願加盟喜瑪拉雅文化之旅均有數十載春秋，多年高原生活的歷練，早已將其改造成為準西藏人。在他們的心目中，內地是其故鄉，西藏是其家園。總之，正是這樣一支以藏族為主體，多民族美術家親密團結友好合作的隊伍，歷數十年之時於有意與不經意間共同開創了當代「西藏畫派」

的藝術樣式。誠然，這一新畫派在以往多次集中或個體亮相之際，便已逐步得到了海內外受眾、評論界和收藏家的好評與肯定。

　　筆者還要對策畫此次畫展的余欣女士和南溪先生表示敬意，感謝他們多年來將藝術關注的視野，投向相對冷寂的西藏高原，投向新世紀新西藏所誕生的一個新的繪畫藝術流派。行筆至此，不禁又聯想起早在數十年前，便已將文化關注與人文關懷的目光投向雪域高原的海內外藝壇師長友好們。藉此篇幅，筆者也要感念並銘記他們對當代西藏繪畫的文化前景持有的信心和所建樹的功德，因為這畢竟需要佛心、慧眼、膽識與多方面的投入。

↑邊巴　遠古的風景之二　布面重彩　90×105cm
←德珍　牧童之三　布面重彩　45×55cm

瑤人及卜·李知寶和他的岩彩畫

　　瑤人及卜有個「官名」叫李知寶，他從湘南大瑤山走到雪域高原快三十年了。如今，知寶已是西藏畫派中的一位代表性畫家。然而，就是他，卻差點沒有來到這個世界的可能。

　　知寶的外公是漢族人，重男輕女的思想非常嚴重，生了兩個女兒後，見第三胎生的又是個丫頭，大怒，讓人將嬰兒投入尿桶中溺死。幸而外婆母性使然，讓人將嬰兒包起，偷偷放在山間小路上，希望能遇上哪位善心人救這可憐的娃兒一命。天無絕人之路，一位外出燒炭的瑤家女子恰好路過此地，將女娃抱回家悉心撫養，終於長大成人，結婚生子。於是也就有了如今的及卜·李知寶。

　　知寶的家鄉在湖南江華的瑤山裡，至今尚未通公路。順著潺潺流淌的小溪往大山裡走，路旁是藤夢纏繞的參天古樹，猿猴不時攀援其間發出呦呦嗚嗚的啼聲，還有山雞麂子也不時出沒，走上半天也碰不上一個人影，如此一直走到太陽落山，溪水變成山泉，方才到家。

　　就是這麼個山溝角落的瑤人，又是憑藉什麼力量走

→及卜·李知寶
　放飛吉祥
　紙上岩彩　2001

↙及卜·李知寶在拉
　薩河邊　1999年3月

出大山的？他如何不
僅走出了大瑤山，而
且走得很遠、很遠，
一直走到了更高更遠
的喜瑪拉雅山來了
呢？

　或許是因為被遺
棄又被撿回的特殊經
歷，知寶母親從小便
在心底種下了一顆善
良的種子，因此，成
年後的她便非常樂善
好施。如果有過往行
人天黑進寨借宿時，
寨裡的人總是把客人
往知寶家裡推，知寶
的父母也從不問來者

是何許人，而是照例按瑤人的禮遇予以招待。待知寶懂事後，又時常有一
群群大學生們來山裡考察、探礦、採集標本。這些有男有女穿裙子（身上
不怕冷）又穿襪子（腳上怕冷）的漢人，無一例外地擠在知寶家的堂屋打
地鋪，男的在外，女的靠裡，讓山裡的瑤人看得羞死了。

及卜·李知寶
微風　布上岩彩
2001

及卜·李知寶
天女　紙上岩彩
2001

　就這樣，年復一年，不斷地有山外面的紅男綠女來到瑤寨，並且多是
投宿於知寶家。白天他們扛著機器滿山遍野地亂轉，天黑時才回到住處，
他們吃豬肉不吃皮，有人還剝一種黑板子的水果吃。多少年後，知寶到長
沙讀書，才知道那東西叫香蕉，而且是不新鮮皮變黑了的香蕉。

　夜晚，在松明火把的照映下，那些很有學問的漢人便給知寶和弟妹們
講述外面的世界，知寶也從這些人帶來的儀器裡，知道了當地的海拔是
1800公尺，知道了北斗星和北極星，知道了樹子的年輪和雷電風雲。外面
的世界到底是什麼樣的？瑤人的祖訓是人往高處走，水往低處流，人死後

也要找一個與遠處最高山峰相對的地方安息。這種遠走高飛思想的灌溉，無疑成為知寶後來遠赴雪域高原的原動力。

知寶家鄉有許多被山洪洗刷得乾乾淨淨的大青石板，山澗中還有許多五彩斑斕的小石頭，硬度很低，知寶便用這些石頭在石板上塗鴉。他兒時在故鄉當牧童時，在躲雨的岩洞裡和小伙伴們用彩石隨意刻畫的圖形，還差點被考古隊認為是古代人畫的岩畫。

1996年冬瑤人及卜·李知寶終於第一次走出了大瑤山，來到貴州當兵。在部隊時，他有幸被團長發現，從生產連隊調到團部從事文書工作，在團部有機會與一些來自美術院校的軍旅畫家相識，並得到他們的指導，學到些素描速寫的知識。這段時日裡，知寶還多次利用出幹機會，到貴陽市借閱與購買了不少美術書刊。其中他從市圖書館借到哈定著的《怎樣畫人像》，竟如得到寶貝似的，用半透明的紙，照著書上的字和圖硬是將一本書從頭到尾描摹了下來，裝訂成一冊手抄本絕版書。

在部隊裡，知寶不敢虛度年華，學射擊、投彈、又學寫作、學畫畫，這對他後來考入大學美術專業起了關鍵作用。

1976年，知寶從湖南師大美術系畢業時，竟鬼使神差地向校方遞交了去西藏工作的申請。就這樣，他成了三十年間一直活躍於西藏畫壇上的一位瑤族畫家。

←及卜・李知寶
佛傳故事
布上岩彩　2003

↗及卜・李知寶
遠古時代的一個下
午　2003

　　2004年，知寶參加了「雪域彩練——西藏當代繪畫邀請展」，在從北
京中國美術館到上海，廣州和深圳美術館的展覽活動中，讓人們對西藏畫
派的成員和作品有了一個比較客觀的了解，同時也領略了知寶在西藏畫派
中的個人風格和作品面貌，並由此獲得廣泛的讚賞和認同。

　　知寶原先的藝術路子較寬，他有紮實的造形基礎和色彩訓練，又從水
墨入手進入工筆重彩領域，而對現代繪畫成因的研究，使他的工筆重彩創
作中注入了一定的現代審美意識。上世紀90年代初，知寶曾嘗試過多種材
質手法的運用和樂此不疲地推敲繪畫的表現形式，正是其較寬闊的藝術基
礎和意欲向未知境地探尋的理念，使得他不願意停留於已有的「定位」
中，他在謀求自己的藝術轉變並重新定位的契機。

　　這契機，在1994年底的一次偶然機遇中到來了。那時他在考察一處古跡時，發現了一堆西藏古代畫師們遺存的天然礦物質顏料，其中還夾雜著一層褐黃色的泥土，知寶用這些顏料在畫布上製作出具有斑駁肌理的底子，然後顛來倒去地觀看。他用兒時狩獵的經驗，透過畫面中的偶然痕跡與心中經驗圖式的際遇，捕捉描繪中所需要的形象。由於多年的高原生活，藏傳佛教繪畫的影響日久年深，已幾近深入骨髓。在知寶的人物畫中，場景的現實性總是十分地恬然，人物亦非生活中的寫實，而是記憶和想像的產物，且具有某種理想化的色彩，人和佛往往同處一方天地，顯得十分親近合諧，能給觀者一種神祕虛幻又樸實親融的感覺，表現了佛教淨土的人們樂知天命的情愫。

　　1995年，知寶在中國藝術博覽會上，看到一家美術商社出售的天然礦物質顏料，溫潤沉穩，典雅清新。這些顏料的各種名稱也怪得出奇，什麼「赤口岩肌」、「密陀僧」等等，知寶一口氣選購了一大堆沉甸甸的顏料帶回西藏。只是，這種新材料並不像以往用慣的不分級的細粒顏料那般易於駕馭，畫出來的作品有時像水粉畫，有時簡直又是一塌糊塗，令畫家幾近

氣急敗壞。2000年，事情終於有了轉機。知寶有幸參加了文化部舉辦的中國岩彩畫高級研究班的學習，得到了岩彩畫權威們的悉心指點，對礦物色有了全面深入的了解，並在班上完成了其岩彩畫處女作〈隨形〉。結業後，知寶回到西藏，重新走進古剎佛殿，重又走進那些土紅、土黃、土綠、土白平鋪成韻的壁畫。當他遠離塵世的喧囂，在夏魯寺、白居寺、桑耶寺、托林寺和布達拉宮等勝跡中緩緩獨行、用心觀仰之際，他突然產生了一種奇妙的感覺，感到了一種未曾有過的自信與充實。那些以岩彩厚塗的壁畫，在天頂，在迴廊，在四壁，超越了上千年的兵荒馬亂與風雨浸蝕，將某種神祕精神延續至今，從而令我們有幸穿越時空，在幽暗的堂奧中凝神仰望。總之在那特定一瞬間，知寶找到了期待已久的覺與悟，一種超越種種和材質侷限的作畫方法在他以後的創作實踐中漸漸形成了，並且呈一發難收之勢，呈逐步提純與完美之勢。知寶的繪畫終於走到了一個面向的世界，走到了一個開放、自然、多元的現代繪畫層次之中。

　　及卜·李知寶進藏後當過教師，做過編輯和記者，現為中國美協會員、西藏美協副主席、西藏書畫院副院長、拉薩市文聯主席。他的作品參

↖及卜·李知寶
空谷
布上岩彩
2003

→及卜·李知寶
佳期將至
布上岩彩
80×120cm

加過許多國家級大展，並獲得過金銀銅諸多獎項，他也從未停歇過跋涉的腳步。如今，他透過觀照世界現代繪畫研究的新成果和隱藏在古代藝術經典深處的材質技法，特別是蘊含在西藏傳統壁畫中的材料與繪技精華，進一步展開新的探究與實踐，並以極大的興致在廣闊的聖山神湖之間，發現和採煉五彩晶石和「雪域淨土」。讓我們期待著不遠的將來，知寶有更多更好的新作面世。

西藏　自在紀行

斯土斯民的吟詠

孤絕挺拔的山勢給了藏民堅忍強悍的性格，深幽曲折的河川給了藏民沉思遠慮的心性。西藏地形的險峻壯麗，培育出了西藏民族性的空間向度，而其質地則展現在它的農牧生活、宗教精神和文化脈動上，成為所有西藏文化靈感的源頭。在西藏的山川大地、民俗儀典與戰役史事，與它們所共同形成的人文地理景觀上，西藏生活以其卸去粧彩的容顏向人們展現自身。

薩迦觀舞‧摸頂賜福

　　如果用「十里不同俗，百里不同天」這句話來形容地廣人稀又相對封閉的西藏，那真是很相宜的。就拿藏曆新年來說，僅筆者所知的就有時序不同的前藏拉薩洛薩（新年）、後藏索納木洛薩、藏中林區的工布洛薩和藏東的康區洛薩。一個百萬平方公里的西藏自治區，一年之內居然要先後過上四、五次新年，真有點不可思議，住得久了入鄉問俗才知道，所以如此，完全是從各地區氣候差異和農牧勞作時令的實際層面出發的。

→諸大護法神在多名侍從護衛下，浩浩蕩蕩赴路口要衝驅鬼降魔。

↙羌姆即將開始，打扮好的「演員」們顯得相當輕鬆（照片中的演員均為薩迦寺僧人）。

↖勇士也是七大護法
神的侍從

↗百類歡怒神舞

↘三隻後藏毛驢靜候
著觀神舞的主人。
背景為薩迦北寺。

　　說來也巧，2004年的後藏索納木洛薩與農曆甲申年春節正好是同一天，依歷史與民俗慣例，薩迦寺要在臘月29日舉行號稱全藏最大規模的薩迦羌姆（神舞大會），緊接著三十日還有活佛摸頂賜福活動。所以筆者與余友心、姜振慶、邊巴等師友六人於臘月28日那天驅車西行470公里，趕到海拔4380公尺的後藏宗教文化重鎮薩迦，且刻意借宿於北寺山坡上的民間畫師旺加家中，希望能感受到更多的節日文化內容。

　　臘月29為藏曆逐鬼節。是日，由薩迦寺數百位僧人聯袂演出的神舞大會的功能與目的，一是依藏密儀軌娛悅並驅逐魔鬼，以圖利民安邦，二是做為後藏僧俗同樂、人神共娛的辭舊迎新的廣場文化大聯歡。這場聲勢浩大、萬人參與的活動，足以令這片喜瑪拉雅與崗底斯兩大山脈之間的荒寒高原塗抹上強烈絢麗的色彩，久久不退。假如有了這個總括上的認知和把握，那麼我們在賞析藏域各地各寺的神舞表演時，大概都離不了譜。關於西藏神舞的源流及其大致的演示內容，筆者曾於數年前《西藏非常視窗》（2000）一書裡略有記述，這裡想就薩迦觀舞的標題，寫一點有關薩迦的內容。

薩迦因藏傳佛教中的薩迦派（俗稱花教）而聲名遠播，薩迦派又因其發祥地名而冠以派名。薩迦寺以仲曲河為界分成南北兩寺，北寺始建於1073年，惜大部建築群已毀於文革；南寺始建於1268年，寺體方正巍峨，

極盡壯觀，寺內珍藏有大量兼具歷史與藝術價值的文物、誥封、印鑑、典籍、繪畫，及元明兩代的官窯瓷器，使它不愧為名實相符的第二敦煌。其中的哪一品、哪一函不是價值連城？這其中又尤以知名度極高的白海螺法號為寶中之寶，它是元世祖忽必烈賜予帝師八思巴的寶物。據傳，這只法號是佛祖釋迦牟尼首次講經時用

過的法器，靈驗無比，故備受藏傳佛教各派信眾之珍視，認為用它為活人
吹一次，就能使其免除罪孽，解脫輪迴；用它為死人吹一次，則可以轉生
善趣。此外還能稱為藏域之寶與鎮寺之寶的尚有碩果僅存的完整的《八千
頌》貝葉經，這部稀世典籍共計兩百零一頁，每頁長56公分，寬6.1公
分，頁幅上嚴整的梵文、輝燦細密的插圖和變化多端的尾花構成了一派神
祕高古的氣息。去年8月間，筆者有幸隨地區領導翟向東先生在薩迦寺細
細拜覽過數頁《八千頌》，那也是我進藏工作三十年來的第一次。所以當
地有民謠稱：不要與米拉日巴比鬥法；不要與噶廈比權勢；不要與薩迦寺
比財富。

　　薩迦教派創始於11世紀，開山之祖是吐蕃王朝貴族昆氏家族的後代貢
卻杰波。他創教伊始就確定了宗教法位以家族相傳形式依次延續之規。而
後又有薩迦五祖相承襲，他們分別是袞嘎寧布、索南孜摩、扎巴堅村、薩
班‧貢嘎堅贊和八思巴。以上五祖中，前三者娶妻，史稱「薩迦三白」；
後二者為僧，史稱「薩迦二紅」。其中以四祖薩班和五祖八思巴聲名最
著，這除了有宗教和文化建樹上的原因，還因為「薩迦二紅」在特定歷史
條件下，為促進祖國統一作出的重大貢獻。

↖暮色中的薩迦北寺

↗中國首批重點文物
保護單位——薩迦
寺之南寺正門

↗↗《薩迦格言》作者
薩班・貢嘎堅贊

　　1247年，經薩班叔侄的折衝樽俎，西藏正式劃歸中國版圖，成為元朝中央政府直接管轄的一級行政地方。薩迦教派也因而取得元室的信任和全藏的領導地位。1251年薩班圓寂，其侄八思巴繼承了他的法位。1253年以後，八思巴數度獲得忽必烈召見並從受灌頂，後又被封為「帝師」，賜玉印，統釋教。1269年，八思巴奉旨創立蒙古新字成功後，又被加封為「大寶法王」。1280年八思巴圓寂於薩迦寺福德之晶殿，享年四十五歲，元帝又追封其為「皇天之下萬人之上宣文輔治大聖至德普覺真智佑國如意大寶法王西天佛子大元帝師」之名號，多達三十六字，應能破諡名封號史的紀錄了。14世紀中葉，隨著元王朝衰落，薩迦派也就逐漸淡出西藏政教舞台的中心了，直至最終被帕木竹王朝所取代。

　　以讀書畫畫為生亦為樂的筆者，第一次踏上薩迦那灰白色土地是在1982年冬，但知道薩迦教派和薩迦地名則是在1974年從聽到幾首《薩迦格言》開始的。當然，不求甚解的我那時並不知道其作者即是鼎鼎大名

的薩迦四祖薩班‧貢嘎堅贊。產生於西藏社會由奴隸制向封建農奴
制過渡時期的《薩迦格言》，是一部集人生體悟和社會實踐的勸誡性
哲理性的詩化文學作品，近八百年來不斷地被人們誦頌傳唱。它抨
擊揭露自私、虛偽、貪婪；鼓勵褒揚正直、堅定、謙和勤勉。能以
簡約通暢的語彙闡釋很深的人生哲理，所以廣受人們的認同。時至
今日，許多首《薩迦格言》仍在藏族同胞現實生活中得到運用。筆
者以為在這種運用過程中，《薩迦格言》還會得到不斷的豐富與提
煉，如同內地文學史上的《詩經》一樣。但這絲毫也不減損《薩迦
格言》首創者的功績。薩班‧貢嘎堅贊自幼研習顯密教法，遍學
大、小五明，成為西藏獲得「班智達」（大博士）稱號的第一人。除
了前述的政治上的重大貢獻外，薩班一生中除著有《薩迦格言》
外，還有《正理藏論》、《智者入門》、《音樂理論》、《三律議論》
等多部作品傳世。

　　《薩迦格言》原書為九章457首。1985年，由才旦多吉等民俗學家譯編的漢文縮簡本為九章九品，450餘首。讓我們不妨欣賞其中的幾首：

　　格言是學者智慧的結晶，愚昧的人則難以理解；當陽光普照大地的時候，貓頭鷹則變成了瞎子。

　　低垂的果樹總是果實纍纍，溫馴的孔雀總有漂亮翎尾；只有賢者才具謙遜美德，只有駿馬才能行走如飛。

　　庸人聚集成堆，也做不成大事；茅草捆得再粗，也做不了房樑。

　　對一方有益處的事情，對另一方也許會有害；當月亮升起來的時候，睡蓮開放，紅蓮卻要閉合。

　　過分奢侈的富人，離衰敗就很近了；灌得太滿的池塘，離決口就不遠了。

　　寶貝在自己手裡，並不當成寶貝；一旦被人拿走，卻又捶胸頓足。

→全藏最大的鍍金寶瓶蓮蕊幢，也是薩迦寺的驕傲。

⇥薩迦鎮寺之寶——白海螺法號

↙薩迦寺的標誌銅雕——寶幢與孔雀屹立於此，數百年間食盡人間煙火。

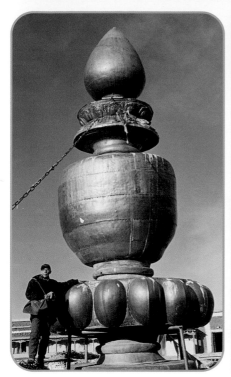 

　　行筆至此，似乎有些離題了，但能夠為多數不能親臨現場，甚至無緣親蒞雪域高原的朋友們提供一些觀賞薩迦神舞的相關背景素材，筆者以為也不為多餘。

　　繼羌姆神舞大會之後，臘月30為薩迦活佛為四方信眾摸頂賜福之日。這一天上午9時，當地天色尚未全亮，來自本縣及鄰近數縣（其實也有青、甘、川省藏區及內蒙古來的）信眾早已盛裝打扮，扶老攜幼，趕驢、騎馬、乘機（拖拉機）浩浩蕩蕩趕到會場。人們按白粉畫定的區域一排排坐定，靜候活佛的出現。而昨天所有參加羌姆演出和服務的僧俗人士，則被款待坐在離法座最近的前三排。他們每位胸前佩帶蓋有薩迦寺管委會紅印的白綢條，那陣勢、那神態和即將受獎的英雄模範不相上下，令人欽羨。11時，由法樂妙音和寶傘儀仗開道，薩迦活佛移駕款款行至神舞會場，安坐於專備的法台上。頓時，全場萬眾斂聲屏氣，連不懂事的小孩子也不再嬉鬧，各個蜷縮於大人身邊，明亮的眸子直呆呆地盯著法台上年富力強的活佛。11時半，活佛開始講經布道，其聲音並不大，也沒有擴音設備，但憑藉強勁的朔風仍能讓全場信眾聽得清晰。至於是否能聽懂領會則並不重要。對於大多數文盲或半文盲、終年忙碌不已、一輩子去不了一趟聖城拉薩的老百姓

來說，兼顧物質與精神生活平衡的最方便的選擇，便是見廟就拜，見菩薩就磕。臘月30這一天，能聚集到薩迦，親見活佛大人康泰和善的尊顏，特別是能得到活佛的摸頂賜福，才算最關緊要的大事。至於是什麼宗、什麼派、什麼經，根本不必在意的，更別說在意老美為什麼派大兵到伊拉克，洋人幹嘛倒花大把的錢去和那個遠得不能再遠，地貌顏色都頗近似薩迦的星星較勁了。英國的狂牛病和亞洲的禽流感倒是應該注意一下，好在是英國太遠而後藏的雞鴨鵝又太少，再加上我們這兒還有菩薩保佑。現在真要關心費心的該是如何能「謀跨越、奔小康」，早些把拖拉機開回自家的院子來。

凜烈的朔風捲著黃沙把活佛低迴平和的講經聲，忽高忽低地送到原本不大的薩迦城的每個角落，這風沙很令我們這幫采風拍照者惱火，心中暗暗抱怨，嘴裡就冒出忿懣：「本來就稀薄的空氣還要吹得更稀薄不成嗎？！」誰知身旁一位聽得懂漢語的藏胞立刻回應道：「活佛布道說法，有風才是吉祥的，風才能讓法音傳遞得更高更遠嘛。」這句棒喝讓人茅塞頓開，雖然我們的人和相機更加一副「吐魯番」的狼狽樣。

講經大約持續了二十分鐘方結束，摸頂開始，首先有幸接受摸頂賜福的是那前三排「白條」人士，然後才是依次排隊緩緩趨前的廣大信眾。對於不少人來講，這不到半分鐘的神聖與幸福交織的美好時刻，或許竟要整整等待數年的時間與數月的路上奔波顛沛。被摸頂後，人們還依次領受仙丹（一種用糌粑麵做成的小紅丸）、吉祥結（一種窄窄的黃綢條）和甘露（由十幾種藏藥泡製，並經喇嘛誦經加持過的淨水或青稞酒）。至此，摸頂才是畫了一個圓圓的句號，一個個信眾才會顯露出極大的欣慰與滿足，依依不捨地退離會場。我注意到，從中午12時到下午3時半的時段內，活佛本人不再親自摸頂，而是由兩位當值僧人（也應是品學兼優者）替其為信眾摸頂，活佛仍是端坐於原位，口誦經文，眼半睜半閉地俯視著整個場面而已。

十幾年前，筆者曾見識過身堅神旺的十世班禪大師以長柄拂塵一掃而過地為數萬信眾摸頂賜福的情景，正可謂是神到人知、精神感應的玄妙。

下午4時正，最後一名來自牧區的漢子有幸得到活佛的摸頂和賞賜阿細哈達後，歷時兩天的薩迦羌姆與摸頂賜福活動才功德圓滿，皆大歡喜。人們紛紛惜別與祝福，然後匆匆蹬車上馬，各奔東西往家趕，以迎接藏曆火猴新歲的來臨。「推桑結永」（明年再見）的道別之聲，伴隨著甜滋滋的青稞酒香和此起彼伏的鞭炮聲，久久地瀰漫於薩迦城的上空。

↗活佛摸頂賜福對於信徒而言，是一種神聖與幸福交織的時刻。

→依次接受活佛摸頂賜福的人們

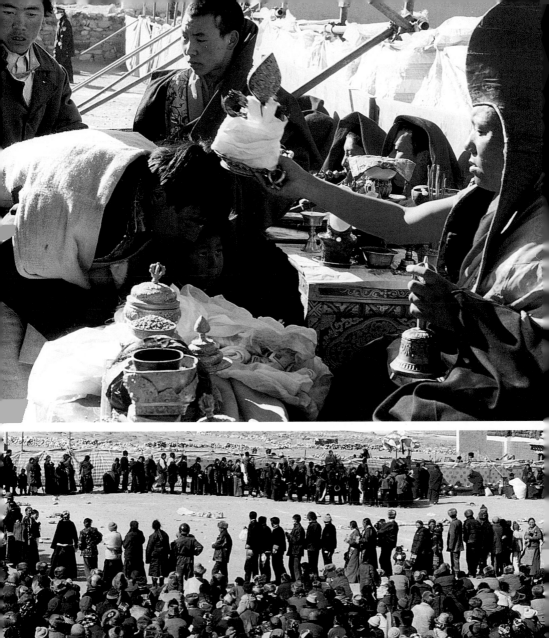

回望那組大型泥塑

大陸文革時期〈農奴憤〉創作始末祕錄

中國大陸文革時期有兩件著名的藝術作品,一是文革初期的大型泥塑群像〈收租院〉,另一則為文革末期的大型泥塑〈農奴憤〉,被認為是「社會寫實最好的創作方法」用之於雕塑上的典型。

〈收租院〉是1965年春四川美術學院雕塑系師生與民間藝人在四川大邑地莊園陳列館進行的創作;〈農奴憤〉則為1974年北京中央美術學院雕塑系和魯迅美院的十多位教師,到西藏展覽館共同創作完成的。

當年任職於拉薩西藏展覽館,與〈農奴憤〉創作有著密切接觸的作者韓書力,在本文中首次將他目睹這件巨作創作及展覽的始末,做了第一手的紀錄。尤其是這件大型泥塑後來被毀棄,僅留下部分造形非常好的泥塑頭像照片,皆在此首次公開。

本文忠實客觀的記錄,也為中國文革美術歷史留下了珍貴史料。

↓創作組深入藏東峽谷,右起張德華、趙瑞英、格桑尼瑪、雪康·土登尼瑪、關競、張德蒂、郝京平。

↘創作組成員在雅魯藏布江畔為藏胞畫像

↘創作組成員傾聽苦主訴說西藏過去

1974年,也就是筆者進藏工作第二年,我的供職單位——西藏革命展覽館——這塊招牌上有著鮮明時代印記的文化單位,為紀念西藏自治區成立十周年的籌展之計,極為熱忱地邀請中央美術學院雕塑系和魯迅美術學院的十幾位教師來藏,為該館創作一組反映封建農奴制下的農奴生活與抗爭主題的泥塑群雕。這種主題先行的創作模式,在那時是習以為常的現象;而

對於尚在「五‧七」幹校勞動改造的一群雕塑家們來講，能擺脫天天讀天天鬥的無聊環境，來到神奇的西藏體察藏地的民情風俗，又能從事自己熱愛的專業，無異於天上掉下大餡餅的美事。

那時的他們都是四十歲上下的所謂青年教師，人生與藝術的步伐正值奮發有為的年華。雖然由於高原缺氧反應，由於物質嚴重匱乏，更有其中幾位家屬尚滯留於「牛棚」監管等不利於藝術創作的客觀因素存在，但筆者以旁觀者的視角觀察，他（她）們似乎對此都能坦然處之，一心一意地深入農牧區藏胞現實生活中，在高原廣闊的天地之間去發現、去感受、去諦聽、去對晤，而絕無浮光掠影式的藝術采風。這可從他們每次下鄉帶回的上百張懾人心魄的速寫素描中，以及他們娓娓道出的對藏胞、藏地，和藏民族、藏歷史的近乎剝筍般的具體認識、理解與感動的言談話語中，得到驗證；更可以從他們歷經數百個日日夜夜，傾注極大心力與體力完成的大型群雕泥塑（100多個等身體量）〈農奴憤〉本身得到驗證。

〈農奴憤〉完成面世不久，便隨著「文革」之終結而處於壽終正寢的冷藏狀態，所以它鮮為西藏以外的觀眾知曉。後來就連館當局及其上級單位對此也都莫名其妙地諱莫如深，好像這組大型群雕根本就不曾產生與存在過，好像領導們當年功勞簿上那濃墨重彩的這一筆竟蒸發得無影無蹤一般。自然，各歸各賬，對於當年那批雕塑家來說，在「文革」後期，能遠

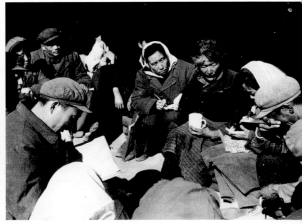

避政治喧囂，浸淫於相對單純的藝術創作活動，並在過程中將自己的藝術觀念和審美理想融入其間，自然意義可貴。筆者以為，不必撇開所謂的主題，僅僅是在那個特殊年月、特殊的地域，由一群驚魂未定的中國雕塑家們通力合作完成的群雕本身，就該具有諸多意義，尤其是時代審美與史料紀實的意義。

由於筆者在1975至1980年間曾任職於西藏展覽館業務組，因此和〈農奴憤〉創作有著或近或遠的關聯，且還曾有幾次被推到前台來接待參觀〈農奴憤〉各色人等的機會。有些事如今回想起來也還有趣，下面僅就記憶所及，擇其一二述之。

1976年早春時節，新華社西藏分社的記者組織十幾位從舊西藏過來的苦主（苦大仇深者）參觀泥塑〈農奴憤〉後的座談會，因座談會就在展覽館會議室，所以業務組領導指令我也去聽聽，受受教育。我記得當時幾乎所有的苦主都做了聲淚俱下的哭訴，差別只是話有長有短，聲有高有低，尤其是幾位老阿嬤，簡直始終就是在抽泣而說不成幾句話。如果說這些苦主僅僅是拉薩市區的幾個街道居委會按其身世推薦來，而非「四人幫」們指派的，如果說長袖善舞是形容樂知天命的游牧民族的整體，而非指每位藏胞都具備表演天才的話，那麼，從基層受眾的零距離反應和接受程度上看，〈農奴憤〉至少部分忠實地記錄與再現了封建農奴制度下的西藏社會面貌，是一組有著較高歷史認知度和藝術感染力的雕塑作品。筆者當時也很為那種哭之訴之談觀感的場景所感動，並暗下決心，會後也要走這條現實主義的創作路子，只是我最終並未真的走下去罷了。

1976年冬或是1977年春的一天，展覽館員工都去西郊菜地勞動（因市場幾無供應，各單位均須在郊外建立自己的所謂生活基地，每人每月都要輪換著去掏糞、翻地、拔草），筆者因事被留在館裡。那天下午，拉薩照例又刮起遮天蔽日的沙塵暴，不過當時還沒有這種科學稱謂，而是被我們戲稱為右傾翻案風。忽然在辦公室值班的小劉跑來猛敲我的房門，說宣傳部電話通知：半小時後英國作家韓素音要來參觀〈農奴憤〉，讓趕快做準備。可準備什麼呀？無非是人來時開門開燈而已。

那天不知是否宣傳部的人也去菜地幹活了，反正是一輛小車把韓女士

一個人按時送到展覽館的，記得她高佻的個子穿著一件長長的米色風衣，
不中不西的臉龐，但能講一口不賴的普通話。小劉推我去陪同並講解，十
幾歲的她大概不知道這位經常在報端上出現的「中國人民的老朋友英籍女
作家」本身就是很有鑑賞力的文化人，所以才會想出給韓女士講解的餿主
意。我自然不去理會，只是陪同韓素音從頭至尾看完泥塑〈農奴憤〉而
已。記得韓女士在序廳的展板前認真地記著舊西藏三大領主與農奴、堆
窮、朗生的人口比例、財富佔有、生產力與生產關係等圖表數字，記得她
參觀〈農奴憤〉群雕時很仔細。見多識廣的韓素音話不多，更沒有提什麼
讓我們為難的問題。參觀結束時她握著我們的手說：「很好的展覽，很有
藝術性啊！應該介紹出去，讓更多的人知道西藏的過去是什麼樣的。」記
得我事後曾將韓女士的評價寫信告知了北京的雕塑家們。這一晃竟也是二
十七、八年前的事了。

　　再把時間倒回去，說說1975年9月10日的事，這是西藏自治區成立十
周年的正日子。時任國務院副總理的華國鋒率中央代表團來館，為西藏自
治區建設成就展和〈農奴憤〉泥塑展開幕剪綵並參觀。也不知到底是為了

〈農奴憤〉現存殘像

→〈農奴憤〉殘像四件

↓阿里(左)、林新(右)
守護著〈農奴憤〉的
殘留頭像

誰的安全，反正館當局命令館屬員工一律在家閉關待命，不許在館裡亂走亂動，好像連哪家養的兩隻雞也臨時被監管起來了。我則知趣地待在宿舍裡津津有味地臨摹著吳作人的水墨新作〈思源圖〉，藉以等待午間四菜一湯的節日大餐。

　　臨近中午時分，辦公室老谷跑來找我借毛筆和硯台，說請華團長題詞，可館裡只準備了冊頁本子，沒準備筆墨。好在我這邊已臨畢，得嘞，趕快拿走！於是華團長就用這副剛臨完畫的筆硯為西藏各族人民題寫了略帶顏體風格又不失厚重個性的兩折大字，內容現已記不清了，無非是祝福與期望之類的官方用語。說句沒深沒淺的話，遙想當年，筆者與華主席還有過同硯之雅的一節吶。當然，此番參觀〈農奴憤〉，華團長一行有無評論，評論如何，自有西藏當地要員陪同記錄在側，筆者全然不知。但若聯想到十三個月後，華主席與葉帥等中央領導率領全國人民乾淨俐落地解決了「四人幫」問題，此時此境的他恐怕不會有多少心思去欣賞什麼泥塑藝術的。

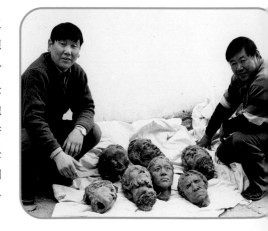

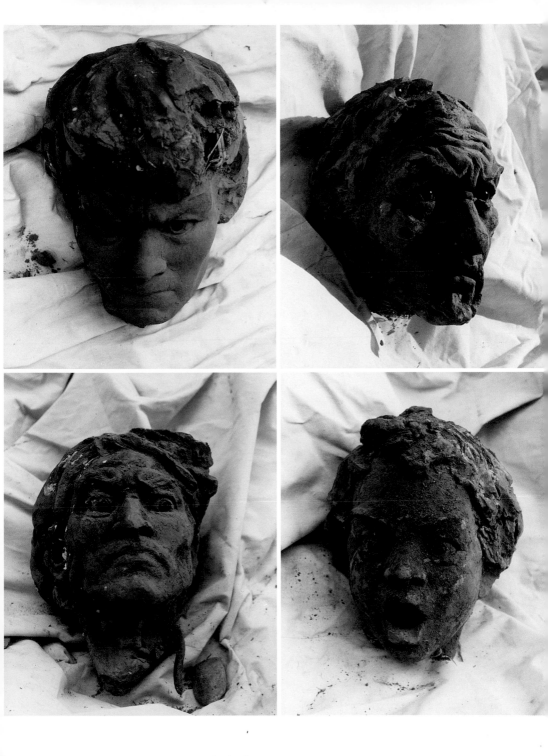

↖↗1975年人民美術
出版社和外文出版
社，出版中英文
《農奴憤》畫冊中的
〈農奴憤〉群雕局部

　　當日曆翻到上世紀末葉，為迎辦某個重大慶典事宜，並服從拉薩市改擴建布達拉宮廣場的總體規畫，原處於布宮宮牆東南端的西藏展覽館搬家遷走（新館址館舍至今仍未敲定），遂包括泥塑〈農奴憤〉在內的許多不能與時俱進的展品，也就理所當然地被毀之棄之了。這種尷尬情狀的產生，固然有許多原因，如沒有場地，沒錢復原，沒有觀眾（如果是真的），但還有一點，就是某些決策者沒有或缺失文化判斷能力。要知道，隨著搬遷被遺棄而又最不應被遺棄的，正是那段記述著藏民族在20世紀前半葉沉重足跡的獨特歷史。

　　筆者是很認同「國人普患健忘症」這一不那麼讓人樂於接受的論斷的。而從〈農奴憤〉群雕的命運流程中，做為在一定程度上的參與者與親歷者，我似乎又讀到了如上那悲涼的論斷，也真是無奈。

172 ■ 西藏自在紀行 En Route to Tibet

　　此外，還有同樣悲慘的一例。當年筆者被派到展覽館菜地勞動，想不到那裡男女廁所的門簾，竟是西藏著名畫家諸有韜為紀念自治區成立慶典而創作的巨幅油畫〈百萬農奴站起來〉的兩大塊局部！乖乖！那時諸有韜還在藏工作呢！我祈禱上蒼萬萬不能讓諸有韜有不期而遇的機會。唉！僅僅是十年，一幅精心創作的歷史油畫就淪落到這步田地。不知是否與「門簾」刺激有關，反正1975年以後，我再也不想畫什麼鬼油畫了。再行換位思考一下，在文化只配當革命對象的人的心目中，畫油畫的亞麻布畢竟還可以變廢為用地派上遮風遮雨又遮醜的用途，而泥塑〈農奴憤〉的原材料，當然只有回歸大地母親一途了。

　　藏曆水猴新年前，在美協團拜會上，筆者見到了展覽館藏族雕塑家阿里和林新，話題自然從雕塑轉到當年的〈農奴憤〉上。阿里說，搬遷時，他將其中的一部分農奴做了「斬首行動」，亦即把一部分他認為非常好的泥塑頭像從高高舉起的鐵錘之下解救出來，並收存於臨時館舍的一處角落。他們兩位告知，北京的某位要員前幾年來藏視察時，又做了恢復泥塑〈農奴憤〉的指示，看來只待資金與創作人員的落實了。不過愚意以為，毀已毀了，即使勉強恢復也終歸是假文物一堆，有什麼意義呢？中國有句

↖↗1975年人民美術
出版社和外文出版
社，出版中英文
《農奴憤》畫冊中的
〈農奴憤〉群雕局部

老話叫「時過境遷」，外國有句時興話叫「文化資源的不可再生性」。這也
真應了李商隱的二句詩「此情可待成追憶，只是當時已枉然」。

　　以後每當我到城裡開會或辦事，每當我回望布達拉那高高的乳白色宮
牆時，都會不禁想起當年西藏展覽館的人和事，三十載春秋彈指一揮間，
展覽館沒了，有的人走了，有的人升了，好像還沒有發的，有的事忘了。
而〈農奴憤〉群雕是筆者在館工作七年裡經歷過的最重要的一檔子事，如
今不也是灰飛煙滅了嗎？

　　謝天謝地，1975年冬人民美術出版社和外文出版社曾出版過中英文的
《農奴憤》畫冊，其中一位姓蘇的編輯還為此獻出了生命的代價。總算是
為我們這個文明古國留下了在那段特殊年代裡，漢藏藝術家同心協力親密

合作的成果寫真，繼而也留下了他們用泥塑藝術表現的那段不該忘卻的歷史，也算是有先見之明嘍，只是不知遠居瑞士的韓素音可曾見過這兩本畫冊。

此一時也，彼一時也。生不逢時的〈農奴憤〉，在今天的讀者與觀眾那裡，已近乎是個聞所未聞的過景標題了，它的諸多作者也已相繼步入垂老之境，且又遠離雪域。但筆者以為，西藏人和西藏當代文化應該記住他們的名字：王克慶、曹春生、張德華、張德蒂、司徒兆光、關竟、趙瑞英、郝京平、時宜、李德利、多吉拉、楊為銘、阿里、郭林新，還有時任展覽館館長的薛以樓和顧問雪康・土登尼瑪。

立碑百年

2004年（農曆甲申年，藏曆火猴年）9月，西藏當代一座集紀念與審美意義於一體的紀念碑，屹立於海拔4200公尺帕里高原的曲米新古。

紀念碑造形以西藏古文明中的巨石文化和金銅文化的有機結合為創構理念，形成了莊嚴、凝重而又輝燦的高原人文風貌，加之喜瑪拉雅座座雪峰的遠景襯托，真是壯麗異常，令路人駐足瞻仰流連。碑體正面左右兩端鐫刻著藏漢體銘文：「一百年前，英帝國主義夥同列強國謀瓜分中國。繼海上發動鴉片戰爭之後，於1888年和1904年兩次武裝侵略中國西藏。1904年2月31日，我一千四百餘守關軍民在此阻擊侵華軍。英軍屢攻不克，以騙謀逞，凶殘殺戮我同胞。千餘軍民英勇不屈，慷慨就義，氣貫長虹。樹碑銘文，以昭後世。」此外，還以細密的藏文，在高聳雲表的紅砂岩碑柱上，通體鐫刻著查對無誤的近千名為國殉難的藏族官兵的英名。讓歷史、讓後來者銘記那場入侵與反抗、欺騙與誠信、強權與貧弱、熱兵器與冷兵器、物質與精神之間的極不平衡的慘烈戰役，讓歷史、讓後來者銘記當年西藏人民為保家衛國，以鮮血和生命而發出的「即使男盡女絕，也絕不後退半步！」的宏願大誓。

於是乎，國內外的史料記述，更包括英隨軍記者們在第一時間第一現場拍下的黑白照片，便為今天的人們留下了一組組匪夷所思的世紀初鏡頭：一支由榮赫鵬中校率領裝備精良的英軍入侵者，和手持中世紀大刀、

↓曲米新古抗英紀念
　碑全景

火繩槍、拋石器的軍民混編的禦敵者，在帕里高原的堆納地方相遇並對峙著；英軍詭稱願與藏軍就地談判，實為緩兵之計；藏軍代本拉丁色等十五人和幾名佣人如約至談判地點曲米新古，遲到的英方卻帶來五百人的衛隊，談判未開始，英軍便偷圍了隊形密集的藏軍，而藏軍全然未察；談判開始，榮赫鵬稱：「既然議和，為表誠意，英軍先將子彈退膛，也要求藏軍將其火槍點火繩熄滅。」英軍將來福槍子彈退出一發，旋即推動槍栓將另一發子彈頂入槍膛。而熄滅了火繩的藏軍無異於放棄了武器；談判進行約十五分鐘，英方無端尋向代本拉丁色開槍，昏迷中的拉丁色艱難地發出攻擊信號。此時藏軍火槍已形同木棍，官兵只好用大刀、長矛和槍托與英軍交鋒，故僅數分鐘內就被英軍射殺五百多人，受傷二百多人，藏軍鮮血竟將曲米新古的不凍泉浸染成殷紅色……。

→（上）曲米新古驛站殘垣；（下）1904年3月曲米新古藏英兩軍對峙現場，右高處為驛站殘垣。

　　一名參戰的英軍士兵哈多在當晚給母親的信中寫道：「這場大屠殺太令人噁心了，儘管上級命令盡可能地擴大戰果，我還是停止了射擊，那場面太慘烈了。」

　　曲米新古之戰次日，麥克唐納在給其上峰的機密報告中寫到，這場戰鬥僅僅持續了幾分鐘，英軍發射了五十發榴霰彈，每挺烏克沁機槍打了七百發子彈，共計一千四百發。這些子彈只夠兩挺機槍持續射擊九十秒鐘。步槍共發射了一萬四千三百五十一發子彈。藏軍估計有一千五百至兩千人參戰，半數為「正規部隊」。其中，六百二十八人陣亡，兩百二十二人負傷，而英軍只有六名重傷和六名輕傷，這十二人均是被刀劍砍傷或被石頭打傷的……。

　　英隨軍記者埃德蒙・坎德勒在其所著《拉薩真面目》一書中寫道：「藏人會去爭取做那些根本無法辦到的事情，對於那些顯而易見的事情，則視而不見。藏人具有在錯誤的時候幹錯誤的事情的天賦。他們有幹勁，有頑強的英勇精神，表現出毋庸置疑的英雄主義，有時也顯得動作敏捷，但他們都十分愚笨和猶豫不決，他們不具備認識整體局勢的能力，因此妄想知道他們在某一特定的條件下會幹什麼，根本不可能。他們幾個人也敢向比自身大得多的力量發起攻擊，不顧一切地全部戰死。幾個強徵來的農民為了保衛一個村莊，也會像古羅馬的愛國志士一樣獻身……。」

→碑體上鐫刻的抗英將士英名

↘碑落成後，附近藏胞自發趕來揭幕與舉行慶典，有如過年一般。

↙揣著哈達，端著切瑪，提著青稞酒，盛裝的鄉親們自發地來到碑前慶賀。

當然，這支強盜軍隊的目的地不是曲米新古，不是紫金寺，也不是江孜，而是聖城拉薩。英軍沿途大肆燒殺擄掠的罪惡行徑，激起廣大藏胞對帝國主義入侵者的深仇大恨。「黃頭髮、藍眼睛，燒我房屋搶我羊，殺我百姓奪我糧，英國鬼，看你何時遭報應！」這首當時流傳於後藏民間的歌謠，不也更加讓我們明白了一個民族、一個國家，積貧積弱就只能落後挨打的鐵律嗎？1888年和1904年的兩次抗英鬥爭中，西藏人民為捍衛自己的文化與信仰，為捍衛自己和諧的生存環境而表現出的不畏強敵、視死如歸的大無畏氣概，不也正是我泱泱中華最可貴的自尊、自立、自強的民族精神嗎？

〰〰1904年8月，拉薩大昭寺前，藏胞對英軍怒目而視。

〰〰1904年3月，曲米新古英國侵略軍風狂進攻時的砲擊場面。

〰 1904年8月，英軍入侵者進聖城拉薩

← 被俘的藏軍。這張歷史照讓人想起了羅丹的著名雕塑〈加萊義民〉。

↑↑英國侵略軍虐待被俘藏軍和迫害藏族老百姓的場面

↑抗英將領吉甫·旺堆平措1904年3月攝於帕里

那個指揮英軍武裝入侵西藏，並如願為大英帝國簽署了城下之盟
〈拉薩條約〉後，退回印度又返回英國的小丈夫榮赫鵬，好像很長時間後
才得到一個爵士的封號。再後來，這位挾功自重的爵士便長久地坐上了政
治冷板凳。再後來，連同他的信仰也發生了扭變。

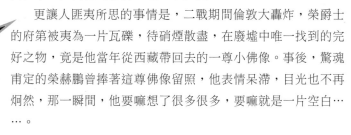

更讓人匪夷所思的事情是，二戰期間倫敦大轟炸，榮爵士
的府第被夷為一片瓦礫，待硝煙散盡，在廢墟中唯一找到的完
好之物，竟是他當年從西藏帶回去的一尊小佛像。事後，驚魂
甫定的榮赫鵬曾捧著這尊佛像留照，他表情呆滯，目光也不再
炯然，那一瞬間，他要嘛想了很多很多，要嘛就是一片空白…
…。

最後，該說說碑本身的事了，該碑設計者及工程藝術總監
為西藏著名美術家余友心，他以六十多歲年齡，歷一年有餘時
光，十三次往返奔波於亞東、江孜、日喀則和拉薩之間，憑弔
遺址，查閱史料，探訪英烈後人，追懷那段令心潮澎湃的歷
史。可以說曲米新古抗英紀念碑正是這位藝術家用其感情、用
其智慧、用其體力所精心雕刻的永不衰敗的民族精神的花環。

自說自照

由於工作需要和個人興趣使然，筆者在110萬平方公里的西藏大地上尋幽訪勝的機會很多，每至一地，每每發現什麼有趣味的東西，時間允許即畫畫速寫，時間不夠則拍幾張照片。這樣做的目的不完全、甚至完全不是為創作蒐集素材與資料，只是覺得好玩，覺得美便按下快門。總之，筆者的業餘愛好漸漸又多了一項。

下面揀出幾張自認為看得過去的片子，配上旁白文字，希望能與讀者分享其中的酸甜苦辣。

〈何似佛眼〉，十六年前，李錫奇先生為筆者在台北舉辦首次個人畫展時，曾有一幅布面重彩，標題是〈何似佛手〉，是化用「黃龍三關」的典故，當時兩岸局勢還不容許我赴台北出席開幕儀式，寄畫之前也忘記給這

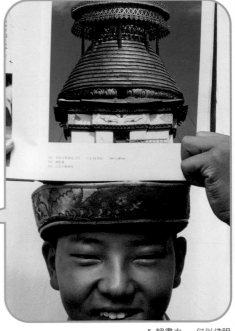

↖韓書力　何似佛眼
攝影　2003年9月

幅畫拍照存底。畫展閉幕不久，我收到了一筆畫款，而這幅畫卻不知被哪位賞家收藏。以致後來有機會出個人畫冊時，竟無法收錄，挺遺憾的。2003年，一位闊別二十年的藏族朋友普魯仁增領著他十六歲的兒子米瑪次仁翩然到訪，老友聖地重逢人生一大樂事。米瑪次仁青出於藍，形象體魄均勝於乃父，尤其是那雙清純明澈又略顯波浪彎的鳳目，十分動人。頃刻間他便令筆者想到十萬佛塔塔冠上的那雙巨型修長的佛眼，於是趕緊翻出

↗韓書力　晚鐘
攝影

藝術家出版社印行的《西藏藝術集粹》中的那頁塔冠，讓小米瑪頂在頭上，刹那間筆者拍下了上下兩雙佛眼。現在看來，如不是對當年的〈何似佛手〉心存耿耿，恐怕是拍不出這張〈何似佛眼〉的。

〈晚鐘〉拍攝於江孜白居寺，明淨如洗的碧空和絳紅色的寺院高牆，和諧地聚攏於金色的夕照間，處於剪影中的轉經老僧緩步趨前，他口中的誦經聲與寺院的暮鼓聲匯成一片深沉的交響，迴盪於山間河谷。彼情彼境令人心想神馳。

〈八月的白居寺〉，我們知道，雪域高原四季無夏，就連後藏糧倉——年楚河畔的農區也莫不如此。這張用望遠鏡頭拍的白居遠眺，近景的油菜花田和背景遠山植被，鬱鬱蔥蔥，一派生機，筆者向不用腳架，所以影像不太實。下半部的幾層高壓電線也無法迴避，風光也要與時俱進嘛！

〈雞年圖騰〉，2004年底筆者再赴薩迦縣公差，一天黃昏，在當地僧俗友人的幫助下攀牆架梯，氣喘吁吁地爬上薩迦南寺頂層拍金孔雀與寶瓶。此地海拔4300多公尺，山野寒凝，朔風凜冽，太陽落山前的十幾分鐘連拍十幾張，手腳臉就被凍得幾無知覺。待回拉薩印出後，筆者以為這一幅比較圖騰。

↗韓書力
　苦澀的婚禮照
　攝影　2003

↖韓書力
　八月的白居寺
　攝影

←韓書力
　雞年圖騰
　攝影　2004

　　〈苦澀的婚禮照〉，數年前，陪攝影家姜振慶連續三個冬天到喜瑪拉雅北麓的縣鄉村作追蹤拍攝。2003年2月我們又一次來到雪山北麓，來到一個叫做波龍的小山寨，剛好碰上一家操辦婚禮，可遇不可求的機會，大家索性安頓下來，敏感的振慶主動請纓為喜家當起全天候攝影師，三天時間把喜家的男女老幼拍得煩煩的。這張婚禮照是我們離村前應喜家要求而拍的，照片中間三個身穿清朝服飾的壯漢，令人感到詫異莫名，好像是又一齣「關公戰秦瓊」似的，其實不然，那是此地殷實人家的所謂正裝。標題上「苦澀」二字，純然是筆者從新娘子臉上讀出的感歎而已，因為這是一椿三兄弟共娶一妻的婚姻。雖然新婚姻法已在西藏各地推廣有年，但在邊遠牧場村寨仍有保留舊婚俗的勢力，正所謂鞭長莫及是也。

　　一年後的2004年2月，姜振慶們又一次來到波龍，一番打探後得知，這椿婚姻只維持了三個月，新娘就搬回了娘家，隨後老二跟鄰村人到外地打工去了，老大老三繼續放牧自家的牛羊。似乎一切又都回到了原來的狀態。

〈私語〉，這個標題有點揶揄。這張照片是筆者第五次訪問依旺寺時在主殿西北角用內光燈拍的，因為殿內無任何光源，所以全靠碰運氣。兩尊彩塑菩薩竊竊私語的神態、洗盡鉛華的裝束、服飾與圖案的樣式，都能喚起人們的歷史感與審美感。依旺寺彩塑亦是全藏境內保存最為完整的10世紀圓雕泥塑群。

↑韓書力　私語
　攝影

↗韓書力　外面的世界
　攝影　2002年12月

↗↗韓書力　喜瑪拉雅山民
　攝影　2002年2月

〈外面的世界〉，一次筆者陪外賓在一深山古寺參觀畢，外賓和翻譯在寺門與主持們話別時，只見一群童僧奔跑著圍過來看這些「外星來客」。要知道，如今藏邊地區的農牧人家將男童送入寺院的主要目的還是希望他們認得幾個字，待長大時，還俗還鄉，回歸家庭與社會。愈是遠離城鎮少有學校的地方，這類現象愈普遍。這張照片我是用250的長鏡頭從一群童僧的空隙間拉過來的。因為那雙渴望了解外面世界的大眼睛，實在太感人、太精采了。

〈喜瑪拉雅山民〉，做為畫家，筆者在西藏已生活了三十二個年頭了，自己的畫風也由寫實主義漸次轉向東方表現主義。但這並不影響自己對西藏自然與人文美感的認知度與敏感度。面對這位喜瑪拉雅山民那銅雕般的頭像，我認為任何語言文字都會顯得概念與蒼白。反之，任何一個對生活尚未完全喪失信心的人，也應該並且也能夠在這張臉上讀出許多生命與生活的哲理。

〈臥佛山與崗堅寺〉，筆者初進藏時，十年動亂尚未結束，沒人敢朝佛進香，許多寺殿都變為「廣集糧」的倉庫。不知深淺的我則一概不論，見寺院就進，見壁畫就看就臨，反正「白專」的帽子早就戴過了。平心論，以當時的感覺和三十年來反覆地比較判斷後最終重合起來的結論，筆

者鄭重地以為西藏壁畫中最為精采、最富有地域文化特徵的，還是其山川樓閣（寺院、民宅）部分。因為它唯藏地所有，唯藏人所能。

　　1992年，西藏文管會首次對外介紹發表了一幅〈西藏鎮魔圖〉的唐卡，毫無疑問，該圖有特色而少美感。一年後筆者受此圖啟發創作了一幅布面重彩〈香格里拉〉（以後十年間又有三幅變體畫），受到外界誇飾，自己也有幾分得意。2000年冬筆者到定日采風，在日（喀則）拉（孜）公路初段，由於恰到的視角與光線，在一片大山大野間竟然發現了〈香格里拉〉的自然原創型態，真的感念天公作美。但見那黃褐色的遠山呈現出自左至右仰臥著的一尊巨佛，相當清晰和完整，而深褐色的近處山坳裡則有如童話般地點綴著大小幾處寺院、村落、林卡及經咒文字，美不勝收。可惜筆者的廣角鏡頭被人袖走，只好趴在地上自以為是地拍攝接片。其實，那座遠山並不叫臥佛山，這大概是崗堅寺的僧眾們從未在這種角度這種光線下仔細觀仰此山的原因吧。

　　想來，對於僧俗各界而言，自然界都並不缺少美，而只是缺少人們對美的發現。

↑韓書力　臥佛山與崗堅寺　攝影
↑↑西藏鎮魔圖　唐卡　清代繪製
〃韓書力　香格里拉　布面重彩　100×128cm

拉薩—日喀則—阿里
西行千里掠影

　　由首府拉薩西行經日喀則地區到阿里地區，是一條溯雅魯藏布江而上的千里行程，也是一條穿越喜瑪拉雅與崗底斯山脈高地走廊的千里行程。筆者有幸於2005年秋再次往返其間。那種徜徉於大荒長河之側，駐足於聖山神湖之間的感受，那種站在地球之巔縱覽天地大美的感受，那種剎那間「既無歷史，也無時間」的感受，真乃人生鮮有。

　　出日喀則西行阿里，有南北兩條線，所謂北線是在薩嘎21道班處向北再向西作大漠之旅，所謂南線則是由21道班徑直沿江西行作走廊之旅。其

→藏人區的藏羚羊

↘日喀則地區祈禱豐
　收的儀式

↙一道道水來一道道
　山

實不管走那條線，都是要在海拔4500公尺以上的生命禁區做準藏人區之旅。因為阿里30萬平方公里屬地總共只有六萬人口，平均是5平方公里一人，至於日喀則西部的昂仁、薩嘎、仲巴幾個縣也大都如此這般。如此高遠遼闊的天地間，見到蒼鷹、野驢、藏羚、沙雞、斑頭雁、黑頸鶴和高原魚類的機率較見到人煙不知高出多少倍。因為逐水草而居的牧民與牛羊，一年四季都是像風一樣不斷流動的。這次赴阿里，我們還是選擇了南線，雖然未知的困難會更多些，但高原走廊景觀那獨特的審美誘惑，美術家與攝影家們是難以抵禦的。

↑向聖山神湖前行的朝
　佛大蓬車

↗瑪尼牆下的辯經僧人

車行到仲巴境內，但絳紅色的野驢一群群出沒，對於我們的闖入一點也不
畏懼，還不時與飛馳的汽車賽跑。羚羊矯健機敏的身影也不時顯現，其狂
奔的速度不亞於野驢，這是它們為避天敵狼群和雪豹而與生具備的本領。
黑頸鶴和斑頭雁這些高原鳥，似乎還嫌9月的仲巴太熱而逗留於羌塘草
原，可筆者一行已是全身冬裝了。

　　雅魯藏布江在仲巴段與馬泉河接流，馬泉河又承接著數條更窄的冰河
的滋潤。前面說到高原魚，在西藏各地不僅數量多，而且品種也多，如有
名的亞東回游魚，藏東巴河魚、拉薩鯰魚，均是上品。阿里地區的神湖瑪
旁雍措更是以特有的長體裸鯉和裸裂腹尻魚聞名遐邇。此番我們車子穿越
過若干條無橋小河，幾乎都能看到被車輪壓死的魚翻著白肚皮隨波逐流。
1984年秋，馬泉河仲巴段尚未修建工路橋，筆者租乘的解放牌卡車就是在
河心熄火並愈陷愈深，害得我們在這片無人區苦熬了七天七夜後，才被巴
瑪扎西他們從縣上請來的包工隊搭救出水。記得那些天，馬泉河裡無污染
的魚兒便是我們的主要食物。

　　逐日西行，游牧帳蓬越來越稀，犛牛體形也是越來越小，看來只是因
為海拔越走越高，空氣越發稀落導致，不然這些「吃的是蟲草貝母，喝的
是礦泉水，拉的是牛黃解毒丸」的傢伙們何以這般小裡小氣模樣。

　　由於信仰使然，有著聖山（崗仁布飲）和神湖（瑪旁雍措）的阿里，

對於廣大藏胞的誘惑也同樣是巨大的、永遠的。尤其是十二年一輪的馬年，從西藏各地，乃至從印度、尼泊爾等周邊國度步行、搭車、騎馬來瞻仰朝拜聖山的人數，往往達八九萬之眾，屆時聖山腳下圍建起各式帳蓬，來自東西南北的人們操著不同語，心中卻誦頌著同一部祈願真經。試想，那該是一道多麼有趣味的文化風景線啊。此次我們從拉薩向阿里進發，長達四天的旅程中，遇到的只有幾批內地和國外的旅者，而結伴成群赴阿里朝聖的藏胞，僅餘在藏嘎江邊見到的一個朝佛大蓬車，僧僧俗俗幾十人紛紛爬上車佔座位的瞬間，和筆者初進阿里的情形一模一樣。前面寫到的，此番西行阿里，一路上見到的野生動物，比放牧的牛羊多，見到的旅者比朝聖者多，也正說明了西藏生態與環保事業的進步，同時也顯示出人們對於「西藏的西藏——阿里」已由禁區畏途漸次轉變為一方觀光探祕的淨土。當然隨著整個經濟社會前進的節奏，這片遙遠高地的一切也都在慢慢地起著各種變化，如我們在沿途鄉鎮上看到的新疆、甘肅來的游商，在草原上見到的騎摩托車趕羊的牧民，乃至於他（她）們身上的穿戴，閃亮的光碟、飲料瓶、拉環、豐田汽車標誌等等，都能與傳統服飾融合搭配在一起，體觀著人們求新求變的審美需求。

↖藏人區中偶遇遊牧人家

↑阿里牧區的母與子

↓愛美的牧女們將閃耀著色彩的光碟也裝飾在身上，十分有趣。

↗薩嘎縣草原的帳篷、太陽能板、塑膠水桶、手動拖拉機和成箱的拉薩啤酒，都湧進了偏遠的牧區。

↘風雨後犛牛帳篷掀開了，才讓我們看到了帳篷裡的陳設。

路過雅魯藏布江南岸波絨鄉，筆者特意照了兩張牧區帳蓬，一張是撐起來的，頂上有太陽能光板，下面有手扶拖拉機，塑料水桶和擬堆置成圍牆的啤酒瓶；一張是雨後掀開晾曬的，從而可以看到內裡，鐵箱上供奉著唐卡佛像，依次是爐灶，鋪蓋生存器具。這是經濟條件一般的牧民家庭，條件好的還會有電視機、電話、電燈等，不過目前還只是純粹的擺設，只是牧民們的「希望工程」藍圖。而太陽能板白天接收的電能倒是可以在晚間提供幾小時的照明。即使有了這點光明，人們也會今晚這家，明晚到那家地飲酒、唱歌、擲色子，且往往玩到曲倦燈殘方星月散。這是牧民們唯一可享有的精神文化生活，所以也可以說游牧點上的每一座帳蓬都是準藏人區的夜總會。幾天前，筆者一行離拉薩，至曲水後便溯雅魯藏布江忽而左岸忽而右岸地一路西行，先後經過曲水、尼木、仁布、南木林、日喀、謝通門、拉孜、昂仁、薩嘎、仲巴十個縣的1千多公里行程，待越過5200公尺高的馬攸山口後，就進入阿里地區的版圖了。

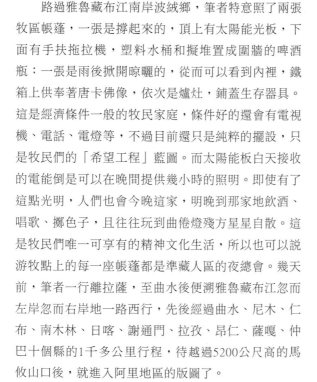

三進阿里

　　筆者1973年進藏工作至今（2005年）已逾三十載春秋，其間先後重覆走完了西藏七十六個行政縣中的七十三個。如日喀則地區，翻檢日記，今秋9月我居然是第七十二次到訪了。而遙遠神祕的阿里地區，筆者只有三次前往的紀錄，那就是1984年9月與巴瑪扎西、于英波、多吉、翟躍飛、阿布拉的首赴阿里；1987年8月與諸韜、姜振慶、阿努、周易平的再赴阿里；和最近與姜振慶、索朗多吉、邊巴、孫濤、阿努的三進阿里。

　　有著30萬平方公里、六萬人口的阿里地區，共轄西三、東四共七個縣。西三縣的普蘭、扎達、日土歷史人文遺跡相對豐富集中，如孔雀河與象泉河沿岸的數百座石窟、密室，土林環繞的古格王朝遺址，皮央、東嘎洞窟遺址，都是人們心嚮往之的文化勝境所在。再說阿里的自然偉觀，更可謂雄奇壯闊的大山大野，大開大闔。由於奇特多樣的地形地貌和高空大氣環流的影響，雨雪冰雹，風雲變幻，一天四季甚或一時四季都是這片被稱為「世界屋脊的屋脊」地區的特有景觀。

　　筆者一行三進阿里的目的地是普蘭、扎達兩縣，即阿里「三圍」所形容的雪山環繞的普蘭、土林環繞的札達、湖泊環燒的日土「中的」兩圍。這兩縣毗鄰尼泊爾、印度和印屬喀什米爾，是中國版圖上最西南端的邊境縣。地處喜瑪拉雅北麓，海拔3800公尺的普蘭縣城，有美麗的孔雀河穿城而過，河對岸古宮遺址和蜂窩似的修行洞窟遙遙相望，助人遐思。

↑索朗拿著阿里地圖，臉上洋溢著走過聖山神湖的滿足。

⇈象泉河兩岸岩洞中的11世紀壁畫

↖阿里婦女的裝束既要適應惡劣的自然條件，也明顯地受到喀什米爾地區服飾審美的影響。

↑聖山圖案恐怕早就出現在阿里婦女的斑典（圍裙）上了

↗阿里牧區的小女孩

附近的科加村與科加寺是赴尼泊爾的必經處，故近年間出鏡率很高。科加村藏女服飾更是因其別致、貴重而遠近聞名。據當地人講，一套完整的科加服飾價值在百萬元之上，因為它是真正的集世代家財於一身，所以年節慶典中的科加婦女也被外面的人戲稱為「流動銀行」。普蘭縣城如今也建設得像內地的某個鄉鎮，毫無特色可陳，尤其是原本設在山坡上，卵石成堆帳蓬林立的所謂國際市場，被集中下移到縣城內一排排工棚似的出租房屋，管理與創收上是個進步，只是使普蘭少了一景，怪遺憾的。

由普蘭縣城驅東北50公里，便到了著名的神湖瑪旁雍措和鬼湖菜昂措。瑪旁雍措座落於海拔4600公尺的高地上，南面是喜瑪拉雅，東面臨納木納尼，北面則依崗底斯山脈，湖水清澈碧綠，宛若巨石，它不僅壯美，在佛教與印度教徒心目中更是一處聖跡的所在。前兩次到阿里便聽到關於它的許多傳說版本，如印度教徒說，瑪旁雍措是濕婆大神和鳥環女神的沐浴之地。西藏的傳說則稱這裡是廣財龍神居住之所，故藏語意為「永恆不敗碧玉湖」。《大唐西域記》裡稱瑪旁雍措為「西天瑤池」。神湖四周有八廟四門，四門分別是東蓮花浴門、南香甜浴門、西去污浴門、北信仰浴門。人們認為湖中淨水能灌掉人心靈上的貪、嗔、痴、怠、嫉五毒，能清除人肌膚上的污穢，從地理上講，神湖的四方還有四水之源，以及馬泉河、獅泉河，象泉河和孔雀河，而這些河流又分別為南亞的恆河、印度河、薩特累季河和雅魯藏布江之源。

↑ 這裡是從5000多公尺高地山坡上拍下的高原湖泊，像一塊巨大的翡翠。

↓ 霍爾多瑪尼堆上的這座鼓形瑪尼石刻，較為罕見。

↑↑ 天瀑，攝於神湖瑪旁雍措
↑ 霍爾多瑪尼堆

　　神湖側畔還有無數的瑪尼堆祭壇，這裡的瑪尼石刻一般是清一色的經
咒文字，且年代久遠。這些石刻經書能躲過當代秦火之劫，實在是得益於
地遠天偏和高寒缺氧，當年的紅衛英雄們即使攻到這裡，恐怕也如筆者這
般，只剩自己搞氣的份兒，而早沒了「破壞一個舊世界」的力氣了。地圖
上標出的霍爾多鄉的瑪尼堆可算阿里瑪尼石刻的典型。

　　由霍爾多瑪尼堆向北，可以遙望到40公里遠的聖山，海拔6700公尺的
崗仁布欽。與神湖一樣，崗底斯山脈主峰崗仁布欽既是佛祖釋迦的道場，
又是濕婆大神的殿堂。傳說釋迦佛祖尚在人間時，守護十方之神、諸菩
薩、天神、人、阿修羅和伎樂天都雲集於聖山周圍，時值馬年，因此馬年
亦便成為崗仁布欽的本位年。11世紀，印度高僧阿底峽大師步行至此，突
見五彩祥雲擁上山峰，雲間顯露著佛之真身。又傳來拉日巴大師亦曾在此
修行布道……。

　　西藏多地的聖山神湖眾多，唯有崗仁布欽被藏傳四大教派共同奉為「聖山之尊」。信眾認為，繞聖山一圈可除盡一生罪孽，繞十圈可在五百輪迴中免下地獄之苦，而能繞百圈者，可在今生得道成佛。而在馬年轉上一圈，則可抵常年繞十三圈。可見其至尊至聖地位。觀仰聖山最好是在10公里開外的正南方向，因為其冰帽頂端呈金字塔等邊三角形，距離愈近愈看不清楚其本來面目。所以，無數的信眾從各地奔波至此作無數圈的環繞，確實是在向其意念理想中的須彌山頂禮，人們更願意或是更執著於心到神知的形而上的交流上。

　　二十一年前秋，筆者一行曾有幸在聖上腳下唯一的一間三無（無床、無門、無灶）招待所留宿，那時除去我們六人，就是巍巍冰峰，淙淙溪流、滿滿旗幡和夜空中伸手可即般的星斗。而如今的聖山腳下可是熱鬧了，三無招待所已被一片高低不齊的飯店賓館所取代，多種膚色，操著各

↖位於海拔4600公尺
的阿里土林(邊巴攝影)

↗扎達縣城數座千年
古塔,如今已成為
信眾與遊客寶愛的
精神標誌。

↘扎達托林古寺

種語言,裹著厚厚羽絨衣的紅男綠女穿梭顧盼,汽車、拖拉機、發電機和電視室的雜音,牛糞煙、麻辣川味、酒香蒜臭,統統匯集攪合成一片所謂的人間煙火。這種不盡和諧的景象也更令筆者懷戀著當年的聖山之夜。

告別聖山,北行60多公里到巴爾再向西拐,便踏上了阿里地區最艱險的路段,近百公里長的扎達土林廂形峽谷,這段路是夏季下雨進不去,冬季下雪出不來。就是春秋季節,能否真的暢通也還得靠運氣和車技。所以140多公里的路程,車子爬上六、七個小時是常態。記得1984年10月首訪扎達,我們租的解放牌卡車居然爬了十個小時,午夜二點才把我們拖到縣城。扎達,藏語意為「下游有草之地」,平均海拔3700公尺,與拉薩相仿,縣城建築仍不敢恭維,唯可稱道的是規畫者以一座古佛塔為中心,建起一座小小的廣場,該塔與鄰近的托林古寺和象泉河畔的幾處古代塔群、塔牆相映成趣。在不乏想像力的人看來,四圍幾十公里長高低錯落,蜿蜒曲折的土林更似萬塔之林。難怪作家馬麗華初見扎達土林時竟會產生「審美暈眩」。

↖ 扎達古代壁畫（局
部）。作者的〈藏女
與水〉的構思便是
受此啟發。

↑ 扎達古代壁畫（局
部），有著明顯的南
亞畫風。

↗ 扎達古代壁畫
約11至12世紀

　　遙想當年，古象雄文明的開創者和古格王朝的創立者選擇這裡為其創
基立業的福地樂土，除了水草豐饒、地勢險要，恐怕也會含有風水審美的
心理因素。

　　我們到達扎達的第二天，正值農曆中秋，早飯後便驅車直奔古格王朝
遺址，當年的管理員旺堆老人已不在了。他的繼任者是幾個二十來歲的藏
族青年，據說還有一兩個西藏大學畢業的。他們除了賣門票、賣方便麵、

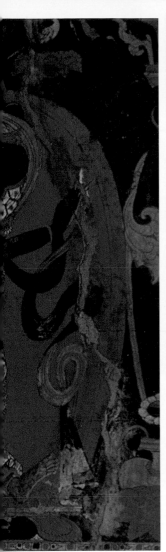

可口可樂外，便是一副念經般的導遊腔，讓人生厭，也讓人為之惋惜。當然古格不是敦煌，難道還要守株待兔般地巴望著從這兒的洞窟裡也能走出常書鴻、段文傑嗎？而這幾個年輕人才不在乎我的杞人憂天，照樣會我行我素。是的，「太陽仍然每天從東方升起，仍把古格古堡染成金黃，只是眺望這一情景的人改變了。象泉河水流不息，但此時之水已非彼時之水也」。

↗ 這張「空門」攝於古杉王朝遺址,地面上露出的座佛膝蓋是11世紀的泥塑作品

↘ 古杉遺址洞穴中的手寫經卷

↖ 古杉王朝遺址

↙ 道是無晴又有晴攝於扎達古杉王朝遺址

國家圖書館出版品預行編目資料

西藏自在紀行 =
En Route to Tibet
韓書力／撰文・攝影. -- 初版.
-- 台北市：藝術家，2006〔民95〕
面；15×21公分.

ISBN-13　978-986-7034-12-0（平裝）
ISBN-10　986-7034-12-0（平裝）
1. 西藏－描述與遊記
2. 西藏－人文

767.64　　　　　　　　　　95014271

西藏自在紀行
En Route to Tibet

韓書力／撰文・攝影

發 行 人 | 何政廣
主　　編 | 王庭玫
責任編輯 | 謝汝萱、王雅玲
美術編輯 | 曾小芬

出 版 者 | 藝術家出版社
　　　　　　台北市重慶南路一段147號6樓
　　　　　　電話：（02）2371-9692～3
　　　　　　傳真：（02）2331-7096
　　　　　　郵政劃撥：01044798 藝術家雜誌社帳戶

總 經 銷 | 時報文化出版企業股份有限公司
　　　　　　倉庫：台北縣中和市連城路134巷16號
　　　　　　電話：（02）2306-6842

南部區域代理 | 台南市西門路一段223巷10弄26號
　　　　　　　　電話：（06）261-7268
　　　　　　　　傳真：（06）263-7698

製版印刷 | 欣佑印刷
初　　版 | 2006年7月
定　　價 | 新台幣380元

ＩＳＢＮ-13　　978-986-7034-12-0（平裝）
ＩＳＢＮ-10　　986-7034-12-0（平裝）